死ぬ前に
やっておきたい
手続きのすべて

相続・終活コンサルタント
ファイナンシャルプランナー
明石久美
造事務所 編著

水王舎

〈はじめに〉

あなたには「死ぬ前にやるべきこと」があります

あなたが亡くなると、家族は悲しみのなか、すぐに葬儀の準備をしなければなりません。そして納骨も行ない、市役所などで健康保険や年金の手続き、戸籍謄本の取得も行なわなければなりません。今まであなたが使っていた遺品の整理も、不要な会員の退会なども、調べて手続きをしなければならないのです。

自分では絶対にできないことが、この先確実に発生します。のこされた家族がそれをやるとき困らないように、今から少しずつ考えておきましょう。

また、身寄りのない人や頼れる身内がいない「おひとりさま」が準備・対策しておきたいこともたくさんあります。

この本を読んで、やるべきことを把握し、ぜひ行なってみてください。

相続・終活コンサルタント
ファイナンシャルプランナー
明石久美《あかしひさみ》

準備しないとまずい！

あなたの死後、こんなことに……

あなたが亡くなったあと、準備不足だと問題が起こります。

1 お墓　お墓の形式を勝手に決められる

自分の希望を残しておかないと、こんなことになるかも

2 財産　家族があなたの財産を把握できない

通帳を整理していないと、家族が調べるのに苦労します

3 遺言 自分本位の遺言をつくったせいで家族の関係が悪化してしまう

のこされた人のことを慎重に考えないと、
紛争の原因になることもあります

4 相続 あなたの戸籍謄本を入手するために相続人が遠方まで出向くことも

相続人の確定にはあなたの戸籍が必要。
本籍地が変わっている場合は大変です

◀◀◀次のページから見てみよう！

●もくじ●

パート1

自分と家族のための事前準備

パート2

金融機関口座・契約関係手続き

パート3

葬儀やお墓に関してやるべきこと

パート4
相続に関してやるべきこと

パート5

「おひとりさま」の死ぬ前に必要な準備

ふろく
あなたのエンディングノート

企画・編集・本文デザイン／造事務所
カバーデザイン／谷合稔
文／南ルイ・東野由美子
イラスト／岡澤香寿美
図・DTP／星島正明

【パート1】

自分と家族のための事前準備

あなたがやるべきことを把握する

伝えるべきことはエンディングノートなどにまとめましょう

終末期や死後のことは、あなたが元気で死から遠ければ遠いほど取り組みやすいものです。病気や寝たきりになってからではできないことが多くあります。困るのはあなたよりも家族です。家族のために、元気な今からはじめましょう。

まず、やるべきことをあなたの死ぬ前と後に分けて考えます。パート1と2では延命治療の可否やどこで最期を迎えたいか、また身辺整理など、あなたが死ぬ前のことについて。パート3と4では葬儀やお墓、相続など、あなたが死んだ後について、その手続きや準備に必要なものも合わせて説明しています。

あなたにとって必要な項目を選び、自分はどうしてもらいたいのか、そのために何が必要かを書きだしましょう。そうすることで、家族のために今のあなたがやるべきことは自然と明確になります。

❖リストにはチェック欄を

参考までに、次のページに「あなたが死ぬ前にやっておくべきことリスト」をまとめました。もちろん自分でノートを用意したり、パソコンのエクセルやワードのソフトを利用したりするなど、あなたのやりやすい方法の記録でかまいません。

自分でつくる場合は、「葬儀」「お墓」「相続」など大きな項目をつくり、それぞれの項目の横に、たとえば葬儀なら『遺影の準備』『葬儀社で見積もり作成』など、やるべきことを箇条書きにします。次に、その下にそれらに必要な書類や金額などが記入できる欄をつくり、事前の準備がすんだことを確認できるチェック欄も設けましょう。

また、巻末ふろくとして、家族に伝えておくべきことを記入する「エンディングノート」をつけました。エンディングノートに記入した内容は家族と共有し、あなたの考えを伝えておくとよいでしょう。記入後は、コピーして保管しておくと安心です。

こうした事前の準備は、あなたのためだけでなく、のこされた家族の負担を減らすためにも必要です。

やるべきことチェックリスト

＜事前の準備＞　←パート1参照

□ どこで最後を迎えたいか
□ 家族が必要となる金額の把握
□ 配偶者が死亡した場合のライフプラン
□ 不要なモノの処分
□ 残すモノの整理・保管
□ 延命治療に関する書類の準備
□ ドナーカードの記入
□ 出生時から現在までの戸籍謄本の取り寄せ

＜金融機関口座・契約関係＞　←パート2参照

□ 使っていない口座の整理
□ 口座の届出印
□ 不要なクレジットカード
□ 株券や有価証券の整理
□ 保険証券のチェック
□ 連帯保証人になっている契約
□ 不要な会員契約の解約
□ 名義変更の手続きの把握
□ 準確定申告の手続きの把握
□ 年金関係の書類の整理
□ ＷＥＢサイトの閉じ方
□ 携帯電話の電話帳データ
□ 賃貸契約をどうするか

<葬儀やお墓関係>　←パート3参照

□ 自分の死を伝える人
□ 形見分けや寄付
□ 宗派や家紋
□ どのような送られ方をするか
□ 葬儀費用
□ 遺影写真
□ 依頼予定の葬儀社
□ お墓選び
□ お墓の費用
□ 先祖のお墓をどうするか
□ 改葬（お墓の引っ越し）
□ 仏壇

<相続関係>　←パート4参照

□ 自分の遺産
□ 財産の分割方法
□ 遺言書の作成（自筆・公正証書）
□ 作成した遺言書の保管
□ 遺産相続で不公平感がないか
□ 生命保険の活用

<おひとりさまの場合>　←パート5参照

□ 生前、死後の手続きを頼む相手
□ 認知症になってしまったときに備える契約
□ 今後の見守りや財産管理に備える契約
□ 死後のことに備える契約
□ 身元保証人
□ 遺言書
□ ペットの依頼先

どこで最期を迎えるか考える

施設のちがいをしっかり確認、理想と金額のバランスが重要です

人生の最期をどこで迎えるかを考えておきましょう。

家族のためには、あなたが寝たきりや認知症になるなど最悪の状況を想定した準備が必要です。もしも、あなたに介護が必要となった場合、どのような施設やサービスが利用できるのか、また介護が長期間になることも想定して、どのような介護施設に入居できそうなのかを経済状況と合わせて考えていきます。

そのときの体の状態で異なりますが、介護施設はサービス内容もかかる費用もさまざま。自分に合った無理のない選択をしましょう。そして、元気なうちに夫婦や親子でそういった介護施設へ見学へ行っておくとさらに安心です。

亡くなるさいの看取りまでをサービスの範囲としている介護施設もあります。最後の時間をすごす場所は、自宅なのか、介護施設なのかも考えておきましょう。

高齢者が入れるおもな施設と住宅

施設タイプ	介護サービスの有無
特別養護老人ホーム	○
グループホーム	○
介護型有料老人ホーム	○
在宅型有料老人ホーム	×
サービス付き高齢者向け住宅	×
ケアハウス	×

介護サービスの内容は施設によって異なるので確認しましょう

❖介護付き施設と介護なし施設のちがい

高齢者が入れるおもな施設には、介護付きと介護なしの大きく分けてふたつがあります。

費用やサービスは、カタログを取り寄せるなどして比較し検討しましょう。医療ケアやリハビリなど、施設に求めることの優先度を明確にすることが重要。自宅と変わらないなるべく自立した生活ができる環境がよいのか、手厚い介護サービスを受けたいのか、家族とよく話し合いましょう。

家族が必要となる金額を把握する

どこまで準備するかを考え、あせらず試算しましょう

あなたの死後、家族にどのくらいのお金が必要か試算しておくことはとても重要です。のこされる家族はあなたが亡くなった喪失感のなか、すぐに必要な費用の準備を行なわなければなりません。

あなたの死後すぐに必要となるのは、葬儀費用やお布施、法要の費用などです。病院で死亡したときには、それまでの治療費や入院費用もかかります。かかる医療費は不確定ですが、それら以外の死後に必要な金額の試算をしておけば、何にいくらかかりそうなのかが明確になります。あなたの死後に支払われる死亡保険金などでまかなえるものも含め、どこまで事前に準備しておくかを合わせて考えましょう。

すべてに余裕を持って準備できれば安心ですが、金銭的な余裕がない場合はお金をかけるべきものとそうでないものを冷静に判断していきましょう。

家族のために準備しておきたいお金

- 葬儀費用
- お布施
- 法要でかかるお布施や会食などの費用
- 遺品整理費用
- 税務申告や不動産登記など、専門家に依頼する必要がある場合の費用

など

❖必要なお金の項目と金額を家族にわかるように準備

上記を参考に、どのくらいかかりそうなのか金額をメモしていきます。家族が負担する費用の概算を把握することが目的ですので大まかでかまいません。実際に葬儀社や遺品整理業者などに見積書を作成してもらえば、より具体的にわかります。

それらの費用をだれが支払う予定なのか、その負担する家族にどのように残すのか（遺言書、死亡保険金など）も考えておきましょう。

配偶者が死亡した場合のライフプランを作成

妻（夫）が亡くなったときの生活費を考えておく必要があります

ともに年金を受給している夫婦の場合を考えてみましょう。

夫が亡くなると妻は、夫が受給していた老齢年金の一部を「遺族年金」として受け取ることができます。

受給額は夫の職業や収入、妻の働き方などによって変わりますが、年金受給前でも『ねんきん定期便』や『ねんきんネット』で夫と妻の老齢年金の金額を確認すれば、ある程度は試算ができますし、年金事務所で確認することもできます。この年金収入から妻の生活費を引いた額が不足するということになります。

総務省の家計調査によると、65歳以上の単身世帯の1カ月の支出平均額は約16万円です。ただ、これはあくまでも平均額なので目安です。ファイナンシャルプランナー（FP）に相談して今後の収支状況について試算してもらいましょう。

老人ホーム、介護施設などの入所費用の目安

●介護保険施設の費用

施設種別	初期費用	月額費用	
		介護サービス費	その他生活費
特別養護老人ホーム	なし	2万～3万円	3万～10万円
介護老人保健施設	なし	2.5万～3.5万円	6.5万～11.5万円
介護療養型医療施設	なし	2.5万～4.3万円	6.5万～13万円

●有料老人ホームの費用

施設種別	初期費用	月額費用	
		介護サービス費	その他生活費
介護付き有料老人ホーム	0～数千万円	1.8万～2.8万円	10万～27万円
住宅型有料老人ホーム	0～数千万円	―	12万～30万円
健康型有料老人ホーム	0～数億円	―	12万～30万円

出典：「HOME'S介護」ウェブサイトより

❖生活費とは別に準備したい資金

厚生労働省の平成26年簡易生命表によると、女性の平均寿命は86・83年です。当然ながら生活費は、妻が夫の死後生きる年数分必要になります。

さらに、この生活費は、あくまでも妻が健康な状態でいることが前提。病気や介護に備える資金も試算して、生活費とは別に準備しておいたほうが安心です。

また入院や手術費用、老人ホームなど介護施設への入所費用も検討しておきましょう。

不要なモノを処分する

大型なモノ、重量のあるモノからはじめましょう

これからの生活に必要ないモノの処分は家族のために必要です。家族が処分に迷いそうな衣類や大型の家具などを、体力のある今のうちから整理しておきます。
不用品の処分は自治体による回収と不用品回収業者などを利用する方法があります。自治体での処分は、一般の不用品回収業者に依頼するよりも安くなる場合が多く、自治体の指定する場所に自身で持ち込んで処分してもらえば、処分費用をさらに抑えることができます。
ただし、自治体を利用する場合は、回収場所までの運搬や梱包作業をすべて自分で行なうことになり、かなりの重労働。なお、回収は指定された日になりますので、一度にすべてを回収してもらうことがむずかしい場合もあります。とくにマンションやアパートの上層階に住んでいる場合は処分品の量などをみて検討しましょう。

❖回収業者に頼むなら、事前に複数の見積もりを

自治体の回収では、不要な服などは家庭ごみ、タンスなどは粗大ごみなど分別には細かいルールのあることがほとんどです。さらに、家庭ごみでも一度に出せる量が決まっているなど、それぞれ住んでいる自治体のルールをきちんと確認する必要があります。

処分するモノが多い、体力に自信がない、一度に済ませてしまいたいなど、自治体での処分ではむずかしいと思ったら、不用品回収業者の利用も検討しましょう。

不用品回収業者に依頼すれば、すべての不用品を一括で処分することも可能です。業者によっては、家電の無料回収、定額でトラックに積み放題、買い取りなどのサービスがあります。

ただし、回収費用は自治体とくらべると割高になるケースもありますので、回収業者のチラシやホームページをみて、いくつかの業者に見積もりを出してもらいましょう。数社を比較して検討することが大切です。

不用品回収　自治体と回収業者の違い

	自治体	回収業者
料金	家庭ごみで出せるものは無料 粗大ごみは大きさや種類で異なる 自治体のホームページなどで確認	各回収業者によって異なる 解体作業がある場合は別途追加料金が発生する場合も 業者のホームページで確認 何社かに見積もり依頼
回収方法	指定された日時に回収場所に出す 指定された回収場所に自分で持ち込む	取り決めた回収日時に一括で回収
不用品の種類	家電リサイクル法などにかかわるものは確認が必要	基本的にすべてのものが回収可能 一部危険品など回収できないものも。回収業者に確認
支払方法	回収手数料券を購入	現金、クレジットなど回収業者によって異なる

無理のない範囲で、自治体と回収業者を組み合わせるなどの工夫を

❖時間と手間を考えて、自分に合った処分方法を

不用品回収のポイントは、次の３つです。

①　どのくらい時間をかけられるか
②　どのくらい手間をかけられるか
③　どのくらいお金をかけられるか

家族の協力が得られる、不用品が少ないなど、計画的に少しずつ進めていくことが可能なのか、人手もなくまとめて一度ですませてしまいたいのかなど、自分に合った方法で整理・処分をしましょう。

❖遺品（生前）整理業者に事前に相談も可能

故人の遺品や家財の整理作業を専門とする遺品整理業者は、遺品の分別作業、特殊清掃（室内の清掃、消臭）や、家具や家電の回収など幅広いサービスを手がけます。

そして、遺品だけでなく不用品の回収も行なっていますので、モノの片づけを依頼するときは、自分の死後の不用品などの処分について相談しておきましょう。

遺品整理の料金は、部屋の間取りや作業人員数をもとに見積もりを作成するケースが多いようですが、遺品整理業者ごとに人件費や資材費、サービス料などが異なるため、料金はさまざまです。

じつは、遺品整理業者といっても、単なるモノの処分業者の場合もあります。その場合、特殊清掃などは行なっていません。遺品整理の相談をする場合には、遺族のことも考えて「遺品」の整理をしてくれる業者を選びたいものです。

事前にサービス内容を確認しておくことが必要です。また、複数の業者から見積もりをとり、比較しておきましょう。

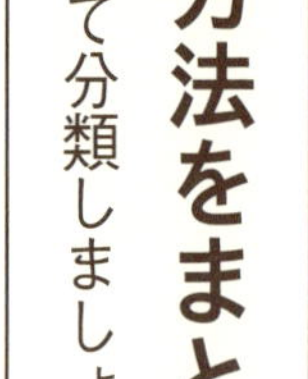

残すモノの整理、保管方法をまとめる

あなたの死後、どう処理するか決めて分類しましょう

楽器など趣味で使う道具や、服、時計などの装飾品、また手紙やアルバムなど、残しておきたいモノは、きちんと整理して保管しましょう。

形見分けとして死後に家族や親しい友人に受け取ってもらうものは、わかるようにしておきます。あなたの死後、家族が困らないように保管場所と渡す相手をリスト化しておくとよいでしょう。

ただし、高額なものはあなたが形見分けと考えていても、相続税の課税対象だったり、受け取った相手に贈与税が課税されたりすることもあります。気になる場合は、事前に税理士などの専門家に確認しておきましょう。

また、あなたがだれかに形見分けしたいと思っていても、家族がそれを欲しいと思っていることもあります。まれに遺品をめぐってトラブルになることがありますので、家族の気持ちにも配慮すべきです。なお、相続人が相続放棄を希望しても、あまりに高額なモノなどを譲り受けると、単純相続とみなされるケースがあります。

❖趣味のコレクションは注意

Aさんの趣味は、城や寺など歴史建造物のプラモデルづくりでした。精密な縮尺模型づくりはプロ並みの腕前で、独立した長男の部屋を丸ごと改装して、完成したプラモデルを飾る棚をつくっていました。

そしてAさんは、自分の死後に友人や孫に渡してもらおうと、ノートに渡す相手の名前や連絡先をまとめてリストをつくっていました。

ところがAさんの死後、妻はそのリストを見て途方にくれます。歴史建造物のことがまったくわからないため、リストの城がどのプラモデルなのかもわからず、友人や孫に渡そうにも、どのように梱包して送ればいいのか見当もつかなかったのです。

死後、残したモノを人に渡したいと考えるなら、処理をお願いする家族の負担を想像して、具体的でわかりやすい依頼方法を考えるようにしましょう。

延命治療の可否に関する書類を準備する

元気なうちに判断しておきましょう

自分がどのように最期を迎えたいかを考えるとき、延命治療の可否を事前に明確にしておくことはとても重要です。

現在、日本には尊厳死に関する法律がありません。延命治療を拒否するには家族全員と医師の同意が必要です。あなたが延命治療を望まないなら、家族全員の同意のもとその意思を書面にしておきましょう。

延命治療に対する判断は、本人が認知症などではなく健全な精神状態であることが前提になりますので、家族とあなたのための大切な準備と言えます。

延命治療拒否の意思を書面で示す方法としては、日本尊厳死協会に入会し、「尊厳死の宣言書」（通称「リビングウィル」）を作成することと、公証役場で作成する「尊厳死宣言公正証書」などがあります。

リビングウイルと尊厳死宣言公正証書

●リビングウイル

日本尊厳死協会に入会すると、「延命治療を望まないこと」などが記載された「尊厳死の宣言書」と会員カードが届く。年会費／1人2000円（夫婦で3000円）、終身会員／1人7万円（夫婦で10万円）

日本尊厳死協会：TEL 03-3813-6563

●尊厳死宣言公正証書

公正証書で作成する文書。ある程度決まったひな形があり、公証人と面談し作成。印鑑証明書と実印、家族の同意書、戸籍謄本が必要。

作成手数料／1万1000円程度～

また、最近では病院が作成した延命治療に関する書類もあります。これらの書類を準備しておくのが望ましいのですが、何よりも家族が延命治療をするかどうか判断しなければならないときに困らないようにするのが第一。

元気なうちに「もし、家族の誰かが自分の死に目にあえない状況でも、医師にNOと言ってほしい」など、家族全員に、そのくらいの心づもりだということは伝えておきたいものです。

突然倒れてしまったとき医師に伝わるよう、延命治療の可否がわかるものを保険証といっしょに携帯しましょう。

ドナーカードに記入する

提供したくない臓器を書くこともできます

臓器移植とは、病気や事故によって臓器（心臓や肝臓など）が機能しなくなった人に、ほかの人の健康な臓器を移植して機能を回復させる医療です。健康な家族からの提供による生体移植と、亡くなった人からの臓器提供による移植があります。

あなたが最期を迎えたとき、誰かの命を救ったり、健康な体で日々をすごす助けになったりすることができます。自分の臓器を提供する意思があるならば、ドナーカードへ記入し意思表示を明確にしておきましょう。

提供できる期限（年齢）のある臓器もありますし、提供したくない臓器も選択できます。その際、家族としっかり話し合うことが重要です。

ドナーカードに記入をしたら財布などに入れ、いつも携帯しておきます。自分にもしものことがあったとき、最期を迎える前に病院で家族から医師に提示してもらいましょう。

なお、ドナーカード（臓器提供意思表示カード）と意思表示欄の記入方法が記載されたリーフレットのセットが都道府県や市区町村の役場窓口、または一部の病院などに設置されています。

近くにない場合は、公益社団法人日本臓器移植ネットワークのホームページから、カード付きリーフレットを請求することができます。

❖ドナーカード記入の注意点

ドナーカードを記入するときに考えたいのが家族の同意です。家族に確認のための署名をしてもらうことをすすめる自治体もあります。家族の署名がなくてもドナーカードは有効ですが、臓器を提供する場合は家族全員の同意が必要です。

家族が反対すれば、あなたの意思が活かされない可能性もあります。「言わなくてもわかるはず」は、あなたの思い込みかもしれません。あなたの希望は家族と共有しておきましょう。

自分の戸籍謄本を取り寄せる

現在の本籍地から順に、出生までのすべての戸籍を取りましょう

あなたの死後、遺産相続の手続きをするときには、あなたの「出生時から死亡時までの連続した戸籍謄本」で「相続人」を確定しなければなりません。

家族があなたの口座から預貯金を引き出すときにも、あなたの出生時から死亡時までの連続した戸籍謄本が必要になります。

金融機関は、名義人が死亡した事実がわかると口座を凍結します。凍結後は、相続届（金融機関所定の書類）もしくは遺産分割協議書に、相続人全員の署名・実印押印と相続人全員を確認するための戸籍謄本が必要だからです。

このほかの相続手続きでも、相続人自身の戸籍謄本や印鑑証明書など用意しなければならない書類が多くあります。一連の戸籍謄本がすぐに準備できるとスムーズに手続きに移行できるため、時間短縮にもなり助かるのです。

❖事前に取り寄せておくと再取得が楽

戸籍謄本を取得するには、現在の本籍地から順を追って昔の戸籍をたどります。役所で申請をするときに、「相続で必要になったときのため」という理由を提示すれば、改製原戸籍謄本や除籍謄本など関連するものも用意してくれます。

ただ、戸籍謄本をさかのぼって取得することで、出生の秘密や婚外子を認知している事実などが家族に知られてしまう可能性がありますので、その場合には本籍地の住所を一覧にしておきましょう。

実際の相続のときには、金融機関などが◯カ月以内に取得したものと要求をしてきますので、取得したこれらの戸籍謄本はあくまでもサンプルとしてのものです。

しかし、事前に手元にあることで、ひとつずつさかのぼって取得することなく、いっせいに再取得することができます。本籍地が遠い場所にある場合には郵送のやりとりになりますので、一連の戸籍謄本をそろえるのに多くの時間と手間がかかります。

事前の取得に費用はかかりますが、今後のためにそろえておきましょう。

❖遠方の戸籍は郵送で請求

戸籍を取得するさい、遠方の役所に請求しなければならない可能性もあります。そんなときは郵送で申請をします。申請の方法は役所ごとに異なりますので、請求先の役所のホームページを確認しましょう。一般的には下記のものをそろえて申請します。

① 役所所定の戸籍請求用紙（ホームページからダウンロードできます）
② 本人確認資料（免許証など）のコピー
③ 申請手数料金相当の定額小為替（郵便局で購入します）
④ 返信用封筒（切手を貼ったもの）

現在有効な戸籍の申請手数料は、1通およそ450円、閉鎖済みの除籍謄本や改製原戸籍謄本では1通750円です。定額小為替は、500円までは50円刻み、それ以上は750円、1000円の額があります。金額の種類に関係なく手数料は定額小為替証書1枚につき100円です。また、返信用封筒に切手を貼り、下の余白に「不足料金受取人払い」と記せば、料金が足りなくてもだいじょうぶです。

親族関係図と連絡先リスト

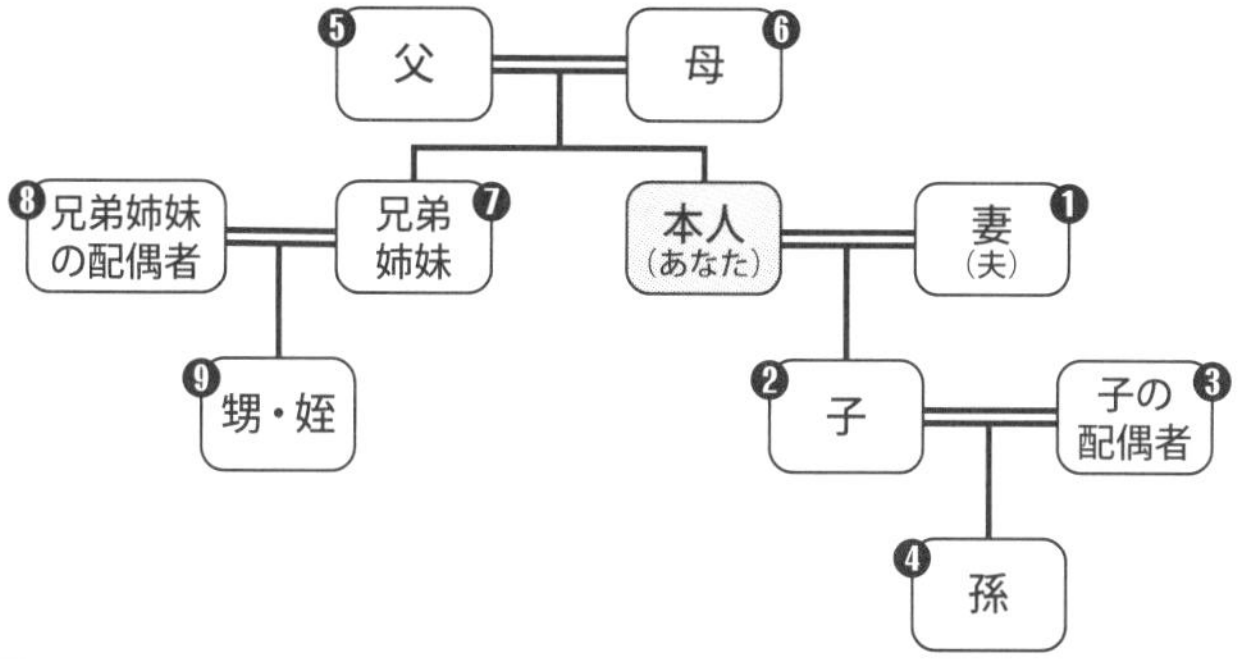

NO.	関係	名前	生年月日	住所	電話番号
❶	妻	●田花子	S23.3.3	●●県●●市……	●●●-●●●-●●●●
❷	長男	●田一郎	S44.4.4	同上	同上
❷	長女	●川和美	S45.5.5	▲▲県▲▲市……	▲▲▲-▲▲▲-▲▲▲▲
⋮	⋮	⋮	⋮	⋮	⋮

❖親族関係図と連絡先リストをつくっておく

相続手続きを行なうときには、相続人関係図を求められることがあります。そのようなときのために自分を中心とした親族関係図を作成しておくとよいでしょう。

たとえば上図のような図を作成し、その下に関係（妻、長男、母など）、生年月日、住所、電話番号を書いたリストを作成していきます。相続人だけをリストアップすれば、相続関係図として使うことができます。

よくある意思表示の失敗例

父が主張した延命治療拒否の意思が妹の反対で実現できなくなった

（Nさん　68歳　女性）

私は夫とともに実家で両親と暮らしています。妹がいますが、地方に嫁いだため、めったに実家へは帰ってきません。

ある日、父から延命治療をしないでほしいと言われ、母や夫と一緒に何度も話し合い、父の気持ちを尊重しようと、全員で結論を出しました。

そして3カ月前、入院した父はみるみる衰弱して意識不明に。医師から延命治療の意思を問われました。母は動揺しましたが、父の尊厳を守るためと、延命治療を拒否する意思を医師に伝えようとしたそのときに、「お父さんの気持ちを私は聞いていない！　絶対にダメ」と妹が声を張り上げました。

結局、妹が反対したため延命治療することになったのですが、ちゃんと妹にも父から気持ちを伝えてもらうべきだったと後悔しています。

延命治療拒否の意思は、家族全員に伝えておきましょう。また、その意思を書面に残しておくことも必要です。

【パート2】

金融機関口座・契約関係手続き

使っていない口座を整理する

すべての口座の通帳やキャッシュカードを洗い出しましょう

あなたの死後、あなた名義の金融機関口座の解約手続きは、かなり面倒な作業になります。いまのうちに使っていない口座から整理しておきましょう。まずはすべての口座をチェックします。使っていない口座がないかも確認しましょう。その上で、どの口座を残し、どの口座を解約するかを決めていきます。

たとえば、普通預金口座の解約は、同じ銀行であれば口座のある店舗でなくてもできますが、一部の口座は取引店以外で解約できないこともあります。

また、郵送や代理人による解約もできませんので、解約したい銀行口座の支店が現在住んでいる地域にないときは、近くの銀行から解約したい口座のある銀行へ取立をしてもらう「代金取立」の手続きができます。銀行によって手続方法が異なり、手数料も必要になるので、まずは銀行へ問い合わせてみましょう。

「代金取立」に必要なもの

- 解約したい銀行口座の通帳
- 解約したい銀行口座のキャッシュカード
- 解約したい銀行口座の届出印
- 本人確認書類（運転免許証など）

※そのほか金融機関によって異なるので問い合わせをしましょう

❖遠方の口座は代金取立依頼を

遠方の口座で、残高が０円だとしてもきちんと解約をしておきたい場合などは、代金取立依頼をしましょう。

手数料は金融機関によって異なりますが、６４８円から１０８０円ほどです。遠方に直接出向いて解約することを考えれば高い金額ではありません。ただし、口座開設時の印鑑など必要なものがあります。

やり取りがスムーズに進むよう、きちんとチェックして、間違いのないように注意しましょう。

口座の印鑑をチェックする

金融機関口座と届出印を把握しておきましょう

どの印鑑がどの金融機関の届出印かわからなくなった場合は、きちんと確認して家族にもわかるようにしておきましょう。

以前は、通帳に押印された印影と見比べることで届出印を判別することができました。しかし、盗難などで印影がコピーされるなど、防犯上の面から通帳に印影が記載されなくなりました。

現在は、どれが届出印かわからなくなった場合、その金融機関の窓口で届出印を確認することになります。複数の印鑑があって迷っている場合はそれらの印鑑と通帳を持って窓口に行き、届出印がわからなくなった旨を伝えましょう。

本人確認が必要な場合もあるので、運転免許証や保険証、パスポートなど身分証明の確認が取れるものを持って行きます。

なお、届出印の印影が押された古い通帳が手元にあれば自分で確認もできます。紙に印鑑を押してそれを斜めに半分折り、通帳に押してある届出印と合わせます。同じ印鑑であればぴったりと印影が合うはずです。

ただし、自分で見て確信がもてないときはきちんと金融機関の窓口で確認しておきましょう。

❖新たに印鑑を登録するのは時間がかかる

届出印の確認は電話や郵送ではできません。引っ越しなどで、近くに口座開設時の店舗がない場合は、別の支店で確認することができます。

また、手持ちの印鑑のなかに届出印がなかったときは紛失扱いとなります。この場合は紛失届けを提出し、新しい印鑑を登録する必要があります。確認や変更は基本的にはすぐにできますが、新たな印鑑が登録されるまでには時間がかかります。

金融機関によって異なりますが、登録が完了するまでに1～2週間程度必要です。

クレジットカードを整理、解約する

未使用のカードは早めに解約します

あなたが死んだ後、クレジットカードの解約をするのは家族。金融機関口座の解約と同様に、手続きはとても大変です。あなた自身が解約手続きする場合は本人確認がとれれば手続きはスムーズですが、それを家族が行なう場合、郵送されてくる申請書類に記載し、本人との関係を証明できる書類の提出が必要になります（クレジット会社によって異なります）。

作業の手間はもちろん、あなたがクレジットカードを何枚持っていてどのくらいの借り入れがあるのかわからない状況では、家族の精神的な負担が大きくなります。

必要なものとそうでないものに分け、使っていないクレジットカードについては早めに解約し、未決済の借り入れがあるものは計画的に終わらせていきましょう。カード枚数を減らせば減らすだけ、残された家族の負担も減らせるのです。

❖クレジットカード裏面のヘルプデスクを確認

解約の前に注意したいのが、1枚のクレジットカードを解約すると派生してつくったカードも同時に解約されるということです。あなたが使っていないカードでも、家族があなたのカードの家族会員となっていることがあります。家族の生活にかかわってくるので、解約前にきちんと確認し合っておきましょう。

契約者本人、つまりあなたが解約する場合は、まずクレジットカードの裏に記載されているヘルプデスク（電話番号）に電話をして解約したい旨を伝えましょう。その後の対応はクレジットカード会社やクレジットカードの種類によって異なります。

クレジットカードは自分で切断して廃棄することがほとんどですが、不安なら「自分で処分していいですか」と確認すればだいじょうぶです。

また、ポイントカードにクレジット機能がついているケースもあるので、確認してみましょう。クレジット機能を使っていなくても、解約しようとすると手数料が請求されることがあります。

株券など有価証券を整理する

ファイルにまとめ保有資産リストを作成しましょう

国債・地方債・社債・株式・投資信託など有価証券の整理をするには、家族がわかりやすいようにひとつのファイルにまとめることからはじめます。証券会社から定期的に送られてくる運用報告書や取引残高報告書などを見ながら、保有証券の一覧表をつくります。

ただし、保有している有価証券が多かったり、売買などの動きがあってリストをつくるのがむずかしければ、ファイルに取引がわかるものをまとめておくだけでもＯＫ。あなたの死後、家族が相続の手続きをするさいにわかりやすくしておくことが重要です。有価証券がどこの口座にあるか不明ということのないようにしておきましょう。

また、塩づけ株などの売却や使用していない口座の解約も時期をみて、行なっておきましょう。

株式など有価証券リスト記載項目

●株式・投資信託

- □ 証券会社名、支店
- □ 口座番号
- □ 銘柄
- □ 株数・口数
- □ 連絡先

● 債券（国債など）

- □ 証券会社名、支店
- □ 口座番号
- □ 債券名
- □ 満期日
- □ 連絡先

❖リストは箇条書きで簡潔に

あなたの死後、相続する人は同じ証券会社に口座を作って手続きをします。必要な項目を箇条書きにしてリスト化しましょう。

また、ネット証券に口座がある場合は、ＩＤとパスワードなどは別のメモに記入しておき、財産管理をしてもらう人にだけ伝えるようにします。

もし、単元未満株がある場合には、その株を管理している信託銀行で手続きを行なうこともありますので、それもわかるようにしておきましょう。

保険証券をチェックする

加入内容を再検討、受取人の確認はしっかり行ないましょう

生命保険や損害保険、共済保険など保険証券をチェックしておきましょう。全部の証券を保険会社別に分けてリスト化するとチェックしやすくなります。

加入内容の見直しをするいい機会ですので、わからないことは各保険会社の担当者に連絡して確認しておきます。ただし、保険担当者の都合のよいような契約内容に見直しされないよう注意が必要です。

とくにあなたが亡くなった場合の受取人がだれになっているかは、きちんと確認しておきましょう。あなたの配偶者が受取人となっていて、すでに亡くなっている場合は変更が必要です。受取人をそのままにしておいた場合、子どもがいれば子が死亡保険金を受け取りますが、子どもがいない場合は配偶者の親やきょうだいに支払われることになります。それが不本意であれば受取人の変更はしておくべきです。

保険証券リスト記載項目

- □ 保険名
- □ 保険証券番号
- □ 受取金額（死亡のとき○円など）
- □ 保険の終期（○歳まで保障）
- □ 受取人
- □ 保険会社と連絡先

❖受取人は具体的に指定を

死亡保険金の受取人を具体的に指定せず「相続人」としている人は、再度検討してみましょう。

この場合、あなたの死後、死亡保険金を受け取る手続きがかなり大変な作業になる可能性があります。戸籍謄本で相続人の確定をした後、相続人全員の署名が必要になるからです。

もし、複数の人を受取人にしたいと考えているなら、それぞれの人の指定と割合を明確にしておくと手続きがスムーズになります。

連帯保証人などになっている契約の確認

連帯保証人になっている契約は家族に伝えましょう

あなたの死後、財産を相続する人は、あなたのマイナスの財産も相続することになります。あなた自身のローンや借金以外にも、保証人になっているものも該当します。もし、あなたがだれかの連帯保証人になっている契約があるなら、わかるようにしておきましょう。

返済期限が定まった特定の借金の保証も、不動産の賃貸借契約における連帯保証人の地位も相続されます。つまり、借主が返済をしない場合や滞納したような場合、元本だけでなく利息の返済も求められることになります。

連帯保証人は実際にお金を借りた本人（主債務者）の債務について、主債務者と同様の支払い義務を負います。借りた本人の返済が遅れ、貸した側（債権者）が支払いを請求してくれば連帯保証人は拒むことはできず、請求に応じなくてはいけません。

連帯保証人は単なる保証人とちがって貸主から請求されたときに「まずは借りた本人に請求してください」といえる権利や、「借りた本人に財産があるので、それを先に取り立ててください」といえる権利も認められていません。貸主は借りた本人に先に請求することなく、連帯保証人に請求することができるため、あなたの死後突然請求がきて困らないように、知らせておくことが必要なのです。

❖連帯保証契約の解約はむずかしい

あなたが家族へマイナスの財産を残したくないと考え、連帯保証人から外れたいと考えたとしても、原則としてあなたが一方的に解約することはできません。代わりの連帯保証人を立てるなど、連帯保証契約からあなたが離脱することについて債権者の承諾を得る必要があります。

また、契約によってそれが認められていないケースもあります。つまり、契約内容しだいでは、解約が一切認められないということもありえます。連帯保証人の契約は、控えがないこともあるため、よく思い出してみることが必要です。

すでに不要な会員契約を解約する

年会費が必要なものから確認します

すでに利用していない会員サービスなどは、早めに解約していきましょう。まず、もっている会員証などをチェックします。とくに年会費がかかっているのに使用していないものは、引き落とし口座の通帳を確認してみます。

会員サービスは、時期をみて解約していくものと、自分の死後、家族に解約をお願いするものに分けて考えます。

たとえば、自動車の運転免許証を年齢的に運転は危険と判断したときなどに返却するさい、ＪＡＦ（一般社団法人日本自動車連盟）の会員も同時に退会するといったことがあげられます。

また、定期購読している雑誌の契約、趣味の習いごとなど月謝や会費をクレジットカード払いや口座引落しにしているものなど、洗い出してみましょう。

会員契約リスト（例）

名称	●●会	▲▲スポーツクラブ	■■■メンバーズ
URL	http://www.●●●.co.jp	http://www.▲▲▲.co.jp	http://www.■■■.jp
IDなど	ak・・・@s・・・ne.jp	ak・・・@s・・・ne.jp	44・・・・ko・・・
パスワード	mo×××12××	mo×××12××	12××mo×××
備考	登録のみ	年会費6000円 11月更新	年会費300円 4月更新

IDやパスワードは全部記入せず、「・」や「×」の伏せ字を使ってヒントだけ残しましょう

❖解約のタイミング別にリスト化

自分の死後、家族へ解約をお願いする可能性のあるものは、解約手続きをするときにどこへ連絡すればいいのかをリストに明記しておきましょう。

インターネットを使わなければ解約できないものは、URLとID、パスワードなどもわかるようにしておきましょう。

ただし、IDやパスワードが知られると困る場合は、一覧にヒントだけ残し、別途家族にはわかるように残しておきましょう。

名義変更について把握する

複雑な手続きは専門家にまかせましょう

あなたの死後、家族はあなた名義の財産の名義変更を行ないます。「不動産」「自動車」「金融商品」などは、名義変更や解約をしないと売却したり換金したりすることができません。

そこで、あなたの死亡後、家族がどのような手続きを行なうのかをまずは知っておきましょう。死後に行なう家族の負担を先に知ることで、今のうちに不要なものの処分や解約をするなど検討をすることができます。

❖不動産の名義変更

不動産の名義変更をする場合は法務局が窓口になります。相続登記は法律上の期限を決められているわけではありませんので、登記をせずに放置していても罰則はありません。しかし、放置しておくと、不動産の売却やそれを担保とした銀行融資を受けられないなどのデメリットが発生するかもしれません。

また、いざ名義変更をするときに、今までの相続人（すでに死亡している場合は、代襲相続人）に押印をもらうなど、手続きがとてもたいへんです。

親の代の名義のままなら、今のうちに変更しておくことも必要です。

なお、登記は自分たちで行なうことができます。しかし、費用はかかりますが、専門家である司法書士にまかせるのが無難です。

不動産の名義変更に必要な書類例

① あなたの出生時から死亡時までの戸籍謄本や住民票除票

② 相続人全員の戸籍謄本や住民、印鑑証明書など

③ 遺産分割協議書または遺言書
（公正証書遺言以外の場合、検認済証明書がついている遺言書もしくは検認調書も）

④ 相続関係説明図

⑤ 土地建物の全部事項証明書

⑥ 固定資産税評価証明書　など

❖自動車の名義変更

自動車の名義変更は、陸運局（運輸局・支局）で行ないます。

名義変更などせずそのまま乗り続けるケースもありますが、売却や抹消・解体処分するにしても手続きが必要になります。

本来ならすぐに行なう相続手続きを先延ばしにしてしまうと手続きが複雑化してしまうこともあるのです。

なお、名義変更は遺産分割協議書や遺言書で行ないますが、車両の価額が100万円以下で1人が相続する場合

自動車の相続に必要な書類例

① あなたの出生時から死亡時までの戸籍謄本や住民票除票
② 相続人全員の戸籍謄本や印鑑証明書
③ 遺産分割協議書または遺言書
（公正証書遺言以外の場合、検認済証明書がついている遺言書もしくは検認調書も）
④ 自動車検査証
⑤ 車庫証明書（承継者と住所がちがう場合）

※価格が100万円以下で1人が相続する場合は、必要書類も少なくなり、遺産分割協議成立申立書で行なうことができます

には、「遺産分割協議成立申立書」という専用の書式を利用すれば、かんたんに名義変更ができます。

❖金融商品の名義変更

銀行、証券会社などにより必要や書類や手続きが異なります。

銀行の場合は、銀行所定の相続届で代表者を指定し、相続人全員の署名などがあれば、その代表者に振り込みされるのが一般的です。

証券会社の場合も同様に、相続人の誰かひとりが同じ証券会社に口座を開設し、そこでやりとりをします。

金融商品の名義変更に必要な書類例

① あなたの出生時から死亡時までの戸籍謄本や住民票除票

② 相続人全員の戸籍謄本

③ 相続人全員の印鑑証明書

④ 遺産分割協議書または遺言書
(公正証書遺言以外の場合、検認済証明書がついている遺言書もしくは検認調書も)

※必要書類は金融機関によって異なり、また遺言執行者の有無などでも変わります

準確定申告の手続きを把握する

必要書類などを整理しておきましょう

準確定申告とは、年の中途で亡くなった人の確定申告のことで、あなたが毎年確定申告をしている場合、通常の確定申告とは手続きが異なる点があります。また、準確定申告は相続人（家族）が、相続の開始があったことを知った日の翌日から4カ月以内に申告と納税をしなければなりません。

家族が手続きをスムーズに行なえるよう、控除の対象になるものを把握して手続きの助けになるよう必要書類（前年の確定申告の書類など）を整理しておきましょう。

主な控除の対象には死亡日までにあなたが支払った医療費があります。ただし、相続人があなたの死亡後に支払った医療費は対象となりません。

領収証は何に使ったものかを分類して保管します。そのほか、社会保険料、生命保険料、地震保険料なども死亡日までにあなたが支払った額が対象になります。

準確定申告が必要となる人

①　個人事業を営んでいた場合
②　２カ所以上から給与を受けていた場合
③　給与収入が2000万円を超えていた場合
④　給与所得や退職所得以外の所得が合計で20万円以上あった場合
⑤　医療費控除の対象となる高額の医療費を支払っていた場合
⑥　同族会社の役員や親戚などで、給与の他に貸付金の利子、家賃などを受け取っていた場合

など

❖年金収入だけなら申告は不要

準確定申告は、「個人で事業をしていた場合」「不動産所得があった場合」「年間2000万円以上の給与があった場合」「譲渡所得や一時所得があった場合」などが対象となります。

たとえば、亡くなった年のあなたの所得が年金収入だけなら、毎月源泉徴収という形で税金が天引きされていますので準確定申告を行なう義務はありません。ただし、毎月天引きされている所得税については申告をすると還付されることもあります。

年金関係の書類を整理する

年金手帳、年金証書などは、まとめて保管しましょう

あなたが国民年金に加入していて、保険料を納めた月数が36カ月以上あり、老齢基礎年金・障害基礎年金を受けることなく亡くなった場合は、あなたと生計を同じくしていた遺族（①配偶者、②子、③父母、④孫、⑤祖父母、⑥兄弟姉妹のなかで優先順位が高い人）が死亡一時金を受けることができます（遺族基礎年金をもらえる場合は除く）。

なお、あなたが国民年金に加入していて死亡したとき、生計を維持されていた「子のある配偶者」または「子」のいる場合は、遺族基礎年金を受け取ることができます。

そして、あなたが厚生年金に加入していて死亡した場合は、遺族基礎年金に加え、遺族厚生年金を受け取ることができます（要件を満たせば、父母や孫なども遺族厚生年金の受け取り可能）。そのさい、年金手帳や年金が入金される金融機関口座と印鑑などが必要になります。

また、あなたと生計を同じくしていたことを証明してもらうために、第三者の証明が必要になります。原則的には民生委員（役所で確認できます）や町内会（自治会）長にお願いすることになります。

❖状況によって必要になる書類の確認、準備も

あなたが公的年金から年金を受けている場合は、年金証書が必要になります。年金証書は年金がもらえることが確定したときに、老齢基礎年金と老齢厚生年金の支給開始年月や受給できる金額などが書かれた裁定通知書と一緒に送られてきているはずですので、これも確認しておきましょう。

あなたが国民年金に任意加入しなかった期間があるとき、たとえば、あなたが国民年金以外の公的年金制度の被保険者または組合員であった場合は、それを証する書類が必要になります。

そのほか、海外在住の期間などがあったときは、そのことを証明する書類も必要です。それぞれ確認し、必要な書類をきちんと管理しておきましょう。

WEBサイトの閉じ方を決める

IDやパスワードをきちんと保管、管理しておきましょう

ＷＥＢサイト上のブログや、ＳＮＳなどにアカウントを持っていて、それを家族が知らない場合、死後自分の情報を放置したくないといった場合は、その閉じ方も決めておきましょう。いつどのタイミングで閉じるのか、あなたが死んだ後に閉じてほしい場合は、どのように閉じてほしいかも含めて依頼しておきます。

あなた自身が時期を決めてブログなどを閉じる場合には、退会などの手続きを行なっておきましょう。

身近な人にお願いする場合は、依頼された人が困らないよう、ブログやＳＮＳアカウントのアカウント名、ＩＤ、パスワード、登録しているメールアドレスなどが一目でわかるリストを作成しておきます。さらに閉じる際の挨拶文も含め、いつ、どのように閉じてほしいかの希望を文章にしておくと安心です。

❖専門家や企業に依頼するさいもＩＤなどを確認

身近に思い当たる人がおらず、ＷＥＢサイトなどを閉じるお願いをすることができない場合は、弁護士や司法書士、行政書士など死後事務委任契約を結べる士業の専門家に依頼する方法もあります。

死後事務委任契約（１５４ページ参照）のひとつとして、これらの専門家がＳＮＳやメールアカウントの削除などの処理を受け付けてくれることがあります。どこまでやってくれるのかなどはあらかじめ確認しておきましょう。

また、専門家に依頼する場合も閉じてほしいＷＥＢサイトのアカウントＩＤやパスワード、メールアドレスなどが必要になります。わかりやすくまとめておきましょう。

なお、このようなサービスを行なっている企業に依頼する場合は、一般的に１アカウント削除するごとに削除料金がかかります。追加料金を支払えば、フォロワーや友人へ死亡通知をしてくれるといったオプションサービスもあるようです。どのように閉じたいのか、自分の希望を相談してみましょう。

携帯電話の電話帳データを残しておく

不要なサービスを解約し、連絡先保管ツールにしましょう

あなたが使っている携帯電話やスマートフォンは、あなたの友人・知人や仕事関係の連絡先を知ることができる大切な情報源です。あなたの死後、家族が連絡先を知るために必要となりますので「ほとんど使っていないから」と解約するなら、そのさいには携帯電話に登録されている「電話帳」の情報を、パソコンに移したり、リストを作成するなどしておきましょう。

あなたの死後、家族が早々とあなたの携帯電話を解約してしまうと相手から連絡を受けられなくなってしまいます。自宅の電話番号を知っている場合は別ですが、死亡したときにその旨を伝えやすくなりますので、安いプランに変更して持ち続けるか、もしくは解約するなら連絡先がわかるようにしてきましょう。

使用している端末に不要な機能が多い、契約しているプランが使用頻度にそぐわな

いと感じるなら、携帯電話会社の窓口で相談してみましょう。

❖契約期間と端末代金の残金を確認

ほとんどのスマートフォンや携帯電話は2年契約となっており、2年が経過すると自動的に契約が更新されます。会社によって期間が多少異なりますが、契約してから2年1カ月経過した月とその次の月（契約満了月の翌月）に解約しないと解除金や解約手数料などといった違約金がかかるようになっています。

たとえば、2016年10月に契約している場合、違約金がかからないのは2018年11月か12月となります。この期間以外で解約しようとすると、1万円前後の違約金が必要になるのです。

明細書を保管しておらず、自分がいつ契約をしたのかわからない場合は、契約している携帯電話会社の窓口に問い合わせて違約金がかからない解約月を確認します。その更新時期を家族がわかるようにもしておきましょう。

賃貸契約の解約について確認しておく

契約書を読み返して解約条件の確認をしましょう

現在、賃貸住宅に住んでいる人で、介護施設への入居や子どもとの同居などを考えている場合は、賃貸契約の解除をすることになります。

賃貸物件の解約には、「途中解約」と「契約満了時の解約」があります。どちらも解約の意思と退居日を管理会社または大家さんに伝えます。

契約期間の途中で解約する場合は、一般的に退去日の1カ月前までに解約の旨を伝える必要があります。ただし、なかには3カ月～半年前としていることもあるため、まずは入居時の契約書を読み返し、途中解約の条件を確認しておきましょう。

❖解約の意思を伝えてから退去までの流れを把握しておく

退去の意思を伝えて退去日が決まったら、電気や水道、ガスなどライフライン関連の手続きを行ないます。旧住所管轄の事業者に電話やインターネットを利用してそれぞれ退居日を連絡します。「お客様番号」と呼ばれる毎月の使用明細などに記載された番号が必要になることがあるので、連絡する前に準備しておきましょう。

退去日の連絡のさいには、敷金の返金日を必ず確認しておきましょう。解約で問題となるのは、原状回復です。これは入居前の状態に戻すという意味ではありません。

たとえば、長年使っていた冷蔵庫を置いていた壁の黒ずみ（汚れ）は、大家さんの負担できれいにするものです。ただし、借主がものを落として床を大きくへこませてしまったり、飲み物をこぼしたあとそうじをせずシミやカビなどを発生させてしまったりした場合は、借主の負担となります。

画鋲やピンなど、壁の下地を交換する必要がない穴も、大家さんの負担。壁の下地を交換しなければならないクギやネジで開けた穴は借主の負担です。

なお、契約書にハウスクリーニング代を支払う旨が明記されていても、2001年4月以降に結ばれた賃貸契約では、法律によって支払う義務がないこととされています。請求された場合にはこのことを説明しましょう。

❖退去立ち会いは代理人に依頼も可能

退居当日は借主であるあなた本人が立ち合い、管理会社や大家さんが室内の状態や破損の有無などの確認を行ないます。代理人に委任状を渡し、委任者本人の身分証明書を持参してもらえば、同居している家族に頼むこともできます。

代理人に依頼する場合は、事前に委任状を準備し退去日のスケジュールの確認や返却しなければならない鍵などの受け渡し、室内の破損個所など伝えておきましょう。

室内の確認終了後は、忘れ物がないかチェックし、鍵や備品類を返却します。数日～数週間で、退居当日に行なった立ち合い確認の結果をもとにした原状回復費用の見積もりが送られてきます。内容を確認し、疑問があれば合意前にその旨を伝えます。

内容に問題がなく、あなたと管理会社または大家さんの双方が原状回復費に合意できたら、指定した口座に入居時支払った敷金から原状回復費用を差し引いた金額が振り込まれます。引っ越し作業はかなり重労働になります。できるだけスムーズに進められるよう、賃貸契約の解約手続きは計画的に行ないましょう。

賃貸住宅の解約までの流れ

① 退去の意思を管理会社または大家さんに伝える
※管理会社に伝える場合は、解約通知書を送付します

↓

② 退去日の決定

↓

③ 電気・ガス・水道などのライフライン関連の手続き、火災（地震）保険の解約手続き
※退去日を伝えて解約手続きをします

↓

④ 引っ越し

↓

⑤ 退去立会い

↓

⑥ 原状回復費用見積書が送付される
※内容に相違なければ同意書を返送しましょう

↓

⑦ 敷金から原状回復費用が引かれた金額が指定した口座に送金される
※原状回復費用が敷金を上回る場合は、請求額を支払います

よくある名義変更の失敗例

名義変更を放置したために不動産を売ることができなくなった

（Jさん　62歳　男性）

父は叔父とふたり兄弟でしたが、非常に不仲でした。叔父は祖父の葬儀にも現われず、残された祖母の家に、父と母と私の４人で暮らしてきました。その祖母が亡くなり、またその後、父と母も亡くなったのを機に祖父の名義のままだった家と土地を売ろうと考えています。

不動産会社に相談したところ、売却するには名義を変更する必要があり、叔父を探すことになりました。親戚づきあいがなかったので探すのに苦労したあげく、叔父がすでに亡くなっていることがわかりました。

叔父の妻もすでに亡くなっており、叔父の財産は、叔父の3人の子（私のいとこ）に引き継がれていました。そのうちひとりが事業に失敗して現在消息不明に……。結局、家と土地を売ることができず、途方に暮れるしかありません。

不動産の名義変更は早めに行なわないと手間がかかります。相続人がひとりでも欠けると、同意が得られず売却はできません。

【パート3】

葬儀やお墓に関して やるべきこと

自分の死を伝えてほしい人を考える

友人・知人・関係者をリスト化し、チェックしましょう

訃報の連絡先は、「家族・親戚」「友人・知人や職場の関係者」「家族の関係者」に分けることができます。家族・親戚は、別居している家族、親、兄弟姉妹、おじやおば、甥《おい》や姪《めい》、孫、いとこなどが一般的。関係が疎遠でも、あとであなたの死を知った親戚から「なぜ知らせてくれなかった」と言われ、家族が嫌な思いをすることもあるので、訃報は家族・親戚にはすみやかに伝えてもらうようにします。家族の関係者とは、子どもや配偶者の勤務先、学校関係など。連絡は家族自身にまかせましょう。

❖関係性を知らないと家族は判断に迷う

のこされた家族が判断に迷うのが「友人・知人や職場の関係者」です。あなたの知人で家族が付き合いを知らない人は、必ず存在します。連絡してもらいたい人は、グ

キーマンへ依頼するときの注意

- 手あたりしだい声をかけないようにしてもらう（参列者の人数を把握するため）
- 「だれに」と名指しでお願いする
- 伝える相手にも、「ほかの人に伝えるのを控えて」と伝えてもらう

ループごとに名前や住所・電話番号、関係性をまとめておきましょう。

そのなかから、あなたの交友関係を把握している責任者や親しい人をキーマンとして、「高校」「会社」「習いごとの仲間」などグループごとにひとり決めておき、「何かあったら連絡などお願いしたい」場合は、事前にキーマンに一言添えておきましょう。

また、あえて連絡をしなくてもよい人は別にまとめておき、リストに「A…知らせる」「B…はがきで知らせる」「C…知らせない」などと記号化してつけ加えておけばＯＫです。

形見分けや寄付について考える

品物を分ける場合にも注意が必要です

死後に「自分の財産や持ち物を個人や団体などに渡したい」ときは、だれに何を渡したいのかをよく考える必要があります。

預貯金や不動産などは相続財産となりますので、だれにどれぐらい渡す（引き継がせる）という考えは、遺言書に書きます（118ページ参照）。これは、エンディングノートに記載すべきことではありません。

一方で、「形見分け」としてあなたが生前に愛用していた品物を、家族や親戚、親しい友人などに分けることはできます。かつては着物が主体だったといわれていますが、現在では、万年筆、衣類、書物、カメラなどのデジタル機器、装飾品など、とくに決まりはありません。

ただし、「物品をあげるだけだから受け取る側も損はないだろう」「もらってうれしいはず」と安易に考えていると、のちのち残された家族間などでトラブルになることもあります。

形見分けでは、①それほど親しくない人、目上の人には渡さない、②包装せずに渡す、③高価な品物は遺産相続や贈与の対象になる場合がある、といった点に注意する必要があります。

たとえば、骨董品など親の遺品をねらっている子どもがいるかもしれません。愛用の品や遺品をだれに分けるのか、よく考えたうえで決めておかないと、将来もめごとに発展する可能性があります。

知って得するマナーの知識

形見分けの無理強いは禁物

形見分けとは、愛用していた品物を通じて故人との思い出を共有するためのもの。あまり親しくない人に分けても困惑されるので、あなたと特別に親しかった人にのみと考えましょう。

特別に親しい目上の人の場合は、申し出があったときにだけ渡すのがマナーです。

渡す相手との関係や好みを考えて形見分けをしましょう

❖相手のニーズに合ったものを寄付する

死後に寄付をしたい場合は、「●●の本は○○へ、▲▲の着物は△△へ」などと、品物と送り先は具体的に指定しましょう。たとえば、「親のいない子どものために何かしてあげたい」というメッセージだけだと、のこされた人たちは寄付先の選択に困ることになります。

また、絵本の収集や普及を目的にしている団体に、大人向けの専門書やおもちゃを寄付するといった、ニーズに合わない品物の場合、断わられることもあります。受け取る側に不要なモノ、迷惑なモノを寄付することのないよう、気をつけましょう。

なお、品物ではなく寄付金をどこかの団体などに寄付したいときは、遺言書で団体などの名称のほか金額や割合を指定しなければなりません。病気の子どもを支援している団体がよければ、その団体名です。公益財団法人公益推進協会などで「○○基金」をつくり、その基金から、寄付したい団体などに寄付をすることもできます。

形見分けと寄付のちがい

●形見分け

対象となる相手	個人（家族や親戚、親しい友人など）
対象となる品	衣類、書物、洋服や着物、装飾品、時計などの愛用品、趣味の道具
注意点	●汚れたものは汚れを落としてから渡す ●包装せずに渡す ●高価な品物は避ける ●金額が不明な絵画や骨董品などは、専門家に鑑定を依頼してからにする

●寄付

対象となる相手	公益法人や福祉団体などの公共の団体や趣味のサークルなど
対象となる品	衣類、書籍、寄付金など
注意点	●寄付したい物品の種類や量が、受け入れ先のニーズに合致するかを調べる ●寄付金の場合は、遺言書で寄付先（正式な名称と所在地）と金額（○○万円もしくは預貯金の2割など）を指定する（全額を寄付することも可能だが、のこされた家族が生活に困ることも）

形見分けは愛用していた品を個人に分ける（贈るではない）こと、寄付は団体などに金品を無償で提供することです

菩提寺や宗派、家紋を把握する

わからないときはお墓や仏壇を見て調べましょう

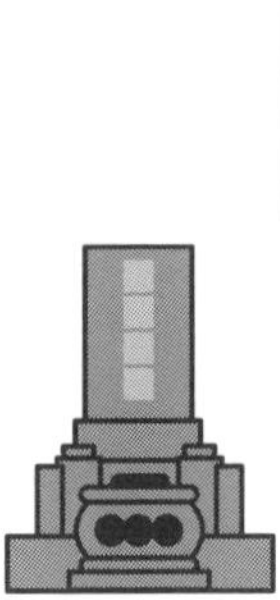

日本人は初詣には神社に参拝し、教会で結婚式をあげたりクリスマスを祝ったり、仏教式の葬儀をするなど、さまざまな宗教観が混じり合っています。そんな日本人の宗教行動は、海外からは特異なものとして受け止められています。

しかし、ふだんは仏教を信仰していなくても、葬儀については、全国平均で9割以上の日本人が仏式でとり行なっています。

お墓も、先祖代々のお墓がある家は多くあり、「菩提寺」があるという家も多いのではないでしょうか。菩提寺があれば、葬儀・納骨は菩提寺に依頼して行なうことになります。故郷から離れた地域で生活の基盤を築いている人は、「菩提寺はあるが、遠方で訪れるのが困難」ということもありえます。

それでも、菩提寺がある場合は、死亡後早めに菩提寺に連絡しなければなりません。

おもな宗教と宗派

●**仏教**

（奈良仏教系）法相宗、華厳宗、律宗

（密教系）天台宗、真言宗

（浄土系）浄土宗、浄土真宗、時宗、融通念仏宗

（禅宗系）曹洞宗、臨済宗、黄檗《おうばく》宗

（日蓮系）日蓮宗

●**キリスト教**

カトリック、プロテスタント

●**神道**

など

葬儀の日を決めるために僧侶の予定を確認しなければならないからです。

このとき、菩提寺の僧侶が遠方から出向くか、同じ宗派のお寺を紹介するかなどは、そのお寺が判断します。また、戒名やお布施についても確認すべきことなので、すぐに連絡できるようにしておきましょう。

とくに、「菩提寺に納骨する」という場合は、遠くにあるからなどという理由で連絡をせずに、葬儀社から紹介してもらった寺院などで行なうことはしてはいけません。

必ず菩提寺に連絡をしましょう。

❖宗派を調べるなら親族に確認を

先祖が公営霊園のお墓に入っていたり、お寺や僧侶との関係が薄くなっていたりして、宗派がよくわからない場合もあるでしょう。

そのようなときは、年配の親戚や本家の人に確認してみるといいでしょう。また、仏壇で祀っている仏像や掛け軸は宗派によって異なります。実家や親戚の家に仏壇があれば、そこから自分の家の宗派を確かめることも可能です。

あなたが祭祀承継者（お墓や位牌、仏壇などを管理し、法要などをとり行なう人）でなく、納骨するお墓がない場合は、どこかに新しくお墓を設けることになります。そのさいも、それまで接してきた宗派がよいものです。

近年は、都市部を中心に無宗教でも入れるお墓が多くありますので、今後どのように供養してもらうのかも合わせて考えておきましょう。

今のうちに、同じ宗派のお寺を探してみたり、葬儀社に見積書を依頼するさいに紹介してもらったりして、供養を依頼できるお寺を訪ねて依頼しておくと安心です。

❖家紋を調べておく

家の家紋を調べるには、お墓に彫られているかを確かめるのがもっとも確実です。喪服や仏壇、位牌などに家紋が入れられていることもあります。

なお、家紋は苗字によって定められているものではなく、先祖代々の血を受け継いでいる証としてのものです。

ですので、家紋があるのなら、葬儀や法要のさいに葬儀社に伝えましょう。

家紋がなくても、とくに定める必要はありません。葬儀社に言えば一般的な家紋を代用することもできます。

知って得するマナーの知識

戒名で宗派がわかる場合も

作家・樋口一葉のお墓は築地本願寺の別院にあり、戒名（法名）は「智相院釈妙葉信女」といわれています。

浄土真宗では、○○院釈△△、釈□□、女性は釈尼△△などとつけられることもあるようです。このように、戒名のつけ方により宗派がわかることもあります。

築地本願寺は浄土真宗です

送られ方を考える

家族葬のさいは参列できない人に配慮しましょう

あなたは今まで参列した葬儀の経験をふまえ、おぼろげながら「自分が死んだらこんな送られ方がいい」というイメージがあるのではないでしょうか。「たくさんの人に見送られたい」、「なるべくひっそりと送ってもらいたい」、「あまりしめっぽくならず、にぎやかなほうがいい」、「静かな音楽を流してほしい」、「密葬にして、あとで本葬か別れの会を」といった思いが、自分の送られ方を考えるきっかけになります。

葬儀のスタイルには、一般葬のほかに家族葬、密葬、市（区）民葬、1日葬（ワンデーセレモニー）、自由葬、音楽葬、直葬、ろ前葬、社葬、団体葬、合同葬、本葬、お別れの会、偲《しの》ぶ会などさまざまな形式があり、多くのネーミングがあります。

最低限決めておきたい葬儀の内容

- 葬儀の目的
- 葬儀の場所（自宅・斎場など）
- 参列してもらいたい人
- 祭壇（生花・白木）や花（種類・色など）
- お棺に入れてほしいもの
- 弔辞をお願いしたい人
- 参列者へのメッセージ

❖家族葬をする場合は家族に気をつかわせないように

葬儀では最低限、決めておかなければならないことがあります。まず重要なのは「葬儀の目的」。お別れのため、供養のため、体裁のため……など、何のために葬儀を行なうのかについて、一度考えておくことが必要です。

そして次に葬儀の場所と規模。自宅なのか斎場なのか、家族や親戚、友人・知人、会社関係者など、どのあたりまで参列してもらいたいのかは、葬儀のスタイルと密接に関わります。

また、自宅以外で死亡したときには、自宅に帰りたいか否か、棺に何を入れてもらいか、祭壇の花の種類や色合い（好きな花や色）なども考えておきたいものです。

最近は本人や家族が家族葬を希望するケースが多くなってきていますが、じつは、「家族だけ」「親戚を含めて」「友人・知人も含めて」など、家族葬の定義・感覚は人によってかなりちがいます。

家族葬が増えた要因は、故人が高齢のため友人・知人も高齢で葬儀に参列できないことや、喪主が定年退職しているなか、義理だけで参列してくれる人たちにあえてお声がけせず、家族だけで最期の時間を過ごしたいといった理由です。

ところが、故人がやや若い場合に「家族だけで」と親戚に連絡しなかったり、友人・知人に声をかけずに葬儀を行なったりした結果、「参列したかった」「なぜ知らせてくれなかったのか」などと言われることがあります。

あなた自身は家族だけで送ってくれればよいと思っていても、お別れしたいと考える人もいるのです。まして、そのことをあとで非難されるのは家族。送られる側だけでなく、送る側の気持ちに目を向けることも大切です。

ご近所へは葬儀終了後に報告しようと考えていても、地域に訃報が広まり、近隣の人たちが焼香にきたり、葬儀の詳細をたずねてきたりすることもあります。

また、友人・知人などが訃報を聞きつけて足を運んでくれるかもしれません。そのとき、善意で通夜や葬儀に参列する人を家族が断わるのは失礼なふるまいです。

家族や親戚だけが参列する葬儀を行なうつもりであっても、必ずしも家族や親戚だけで行なえるとは限らないということを心得ておきましょう。

知って得するマナーの知識

地域で異なる葬儀の慣習

葬儀や火葬の慣習は、地域によってさまざま。東北では、通夜のあと火葬してから葬儀・告別式を行なう「前火葬」が多く、通夜の前に火葬する「骨葬」が行なわれることもあります。

一方、関東、関西、九州などでは、葬儀・告別式のあと火葬する「後火葬」が多いようです。

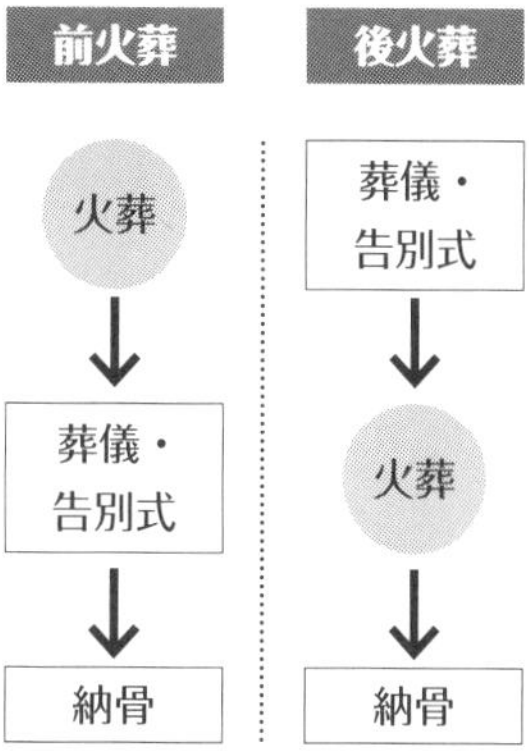

葬儀費用の準備をしておく

地域の相場を把握し、立て替え分を用意しましょう

あなたが死亡したら、遺族は悲しみながらも葬儀などにかかるお金の算段をしなければなりません。あわただしさのなかで、さまざまな支払いが発生するので、おおまかな概要をつかんでおきましょう。

よく目にする仏式の葬儀の三大費用として葬儀費用、飲食接待費用、寺院費用の3つがあります。その全国平均が約189万円（日本消費者協会／平成26年第10回『葬儀についてのアンケート調査』報告書）。この金額は葬儀社に支払う費用とお布施や戒名料などがすべて含まれています。

寺院費用とは、寺院に渡すお布施などですが「葬儀費用の平均」と聞くとお布施が含まれているのかどうかはわかりません。とはいえ、実際は地域や場所、人数、内容によってちがうため、概算をつかむのはむずかしいものです。

いちばんよい方法は、葬儀社に事前に相談し、見積書をもらうこと。見積書を作成するには葬儀の内容を決める必要があり、そこで概算費用がわかります。葬儀社に支払う葬儀費用と寺院などに渡すお布施を分けて考え、準備しておきましょう。

❖葬儀費用は事前に準備を

葬儀のとき、すぐに必要になるのがお布施。そして葬儀終了後〜1カ月くらいの間に、葬儀費用を振込や集金などで支払わなければなりません。それらのお金は、だれがどこから捻出して支払うのでしょう。

あなたの死後、あなたの預貯金から勝手に下ろしていいわけではありません。あなたが死亡した時点で、あなたの財産は相続人全員の共有財産になるからです。仮に喪主になる人がすべて用立てたとしましょう。しかし、そのお金はあなたの財産からもらえるとは限りません（142ページ参照）。

結果として葬儀費用などを支払う人の負担（自腹）にならないよう、遺言書でその分を残したり、死亡保険金の受取人にするなどして、渡るようにしておくべきです。

遺影写真の準備をしておく

遺影にふさわしいのは、顔が鮮明であなたらしい表情です

近年は、遺影に使う写真を生前に準備しておく人も増えています。遺影の準備は、撮りためた写真から選ぶ場合と、遺影用にあらかじめ撮影しておく場合があります。ここでは、遺影を選ぶコツ、撮影する場合の注意点を説明します。

アルバムなどの写真の選択に迷うときは、ピントが合っている、顔が大きく写っている、光沢がある、リラックスした自分らしい表情であることを意識して、数枚程度までしぼりましょう。デジタルカメラや携帯電話の写真データから探す場合は、画素数にも注意してください。スマートフォンなら問題ありませんが、いわゆる「ガラケー」の類は、画素数が低いこともあるので注意が必要です。

80代で亡くなったのに遺影は40代など、逝去時より若すぎる写真は周囲が困惑します。さかのぼるのは10～20年程度にするのが無難です。家族と思い出の写真を眺めな

がら「この写真が気に入っているんだ」、「遺影用にどうかしら」など、話をしながらともに選ぶのもいいかもしれません。

かつて遺影はモノクロが多かったのですが、最近はカラーが主流です。また、データ上で着物や洋服への着せ替え、背景の色の変更や風景の入れ込みも可能ですし、ネガも必要ありません。数人でのスナップ写真でも加工できるので、だいじょうぶです。

❖写真館や撮影イベントで遺影撮影サービスも

それでも、遺影用の写真探しに迷う場合も多く、元気なうちに自分らしい遺影用の写真を撮影したいというニーズも高くなっています。人生の終わりに向けた「終活」の一環として、遺影撮影イベントなども催されています。

また、写真館でも遺影用写真のスタジオ撮影、出張撮影のサービスを行なっています。撮影料金、データ渡し、修正などの基本スタイルで料金は1万円程度〜、ヘアメイクや台紙などのオプションサービスもあります。自作する場合、撮影場所が特定できる写真は遺影に向かないことがあるので注意しましょう。

依頼予定の葬儀社を事前に決めておく

同じ条件で複数の葬儀社に見積もりを頼みましょう

葬儀に関する話題は、病気などで弱っているときに他人から持ち出されると不愉快なものなので、「死」から遠い状態のときのほうが、冷静に考えられます。

ひとりで検討するのもいいのですが、夫婦ならば、おたがいが元気なうちに一緒に葬儀社に行って双方の葬儀プランの見積もりをつくってもらうことをおすすめします。

少なくとも2～3社程度の葬儀社に見積もりをつくってもらいましょう。

一般的な仏式の場合、葬儀の目的やスタイル（体面を重視するのか、小規模にするのかなど82ページ参照）、遺体の搬送・安置先（自宅、自宅以外）、葬儀を行なう場所（自宅・斎場など）、参列者の人数（親族・親族以外）、祭壇の種類（白木・生花）や大きさ、料理や返礼品のグレードや予算などをあらかじめ想定しておいたほうが、具体的な葬儀費用の見積もりを依頼しやすくなります。

❖見積もりは同じ条件で比較検討

見積もりを依頼するときは、親族や参列者は◯◯人、自宅へ搬送、斎場使用などといった同じ条件下で比較すると葬儀社のちがいや特徴が見えてきます。

見積書をもらったときは、葬儀当日、追加になりそうな費用があるかについても、きちんと確認しておきましょう。

複数の葬儀社を比較検討する場合は、会館の有無や地域密着で行なっている、広く営業展開をしているなど、タイプのちがう葬儀社を選びましょう。

葬儀は物品だけで行なうものではなく、葬儀社のスタッフが行なってくれることにより成り立っています。したがって、価格を下げればサービスまで下がることになりかねません。のこされた遺族のために精一杯向きあってくれる葬儀社かどうかは、実際に接してみなければ判断できません。ですから、必ず対面して見積もりを依頼すべきなのです。

なお、あくまで依頼予定候補なので、事前に費用を支払う必要はありません。

自分が入るお墓を考えておく

墓地の種類はさまざま。長所と短所を見極めましょう

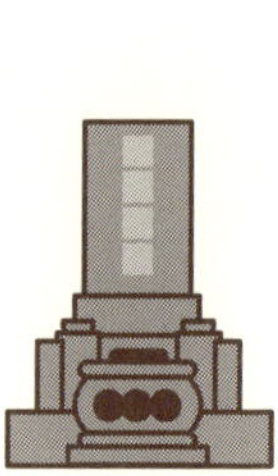

近年は、自分が死んだあとに入るお墓を生前購入（契約）する人も増えてきています。自分のお墓をどうするか考えるために、まずどんな種類のお墓や墓地があるのかを知っておきましょう。

墓地の形態は、民営墓地（公益法人・宗教法人が運営する墓地）、公営墓地（地方自治体が管理する墓地）、寺院墓地（寺院の境内にある墓地）の3つに大別されます。

墓地をもつというのは、区画された土地の一部を購入することですが、正確には「墓所の永代使用権取得」を意味します。土地自体の所有権は墓地管理者にあり、利用する人は墓所の使用料として、契約時に永代使用料を支払うことになります。

永代使用権は代々承継できる権利なのですが、祭祀承継者がいない場合は権利が消滅します。第三者への譲渡もできません。

お墓の種類とタイプ

お墓の種類	内　容
家墓（代々墓）	先祖代々から続くお墓など。「○○家之墓」「○○家代々之墓」など。なかには、南無妙法蓮華経や南無阿弥陀仏など、宗派の題目や経文を刻むこともある
夫婦墓	子のない夫婦が永代供養墓で建てることが多い。墓石には２人の戒名や俗名が刻まれる
両家墓	ひとりっ子どうしの結婚により、両家のお墓をひとつにしたお墓。「○○家」「△△家」と両家を並べて刻んだり、「絆」「憩」など好きな１文字を刻むことも
個人墓	その人だけが入る墓。独身で跡継ぎがいない人が多く、永代供養墓で準備する場合がほとんどとなる
合祀墓（合葬墓）	大きなオブジェクトやモニュメントなどのなかにお骨をそのまま埋蔵する。個別ではなく、いろいろな人とともに埋蔵される
納骨堂	ロッカー式、棚式、仏壇式、墓石式など、納骨される形式によって異なる。墓石式は、墓地のように区画がつくられた屋内の墓でお花や線香を供えることができる
堂内墓	カードをパネルにタッチするなどによって、コンピュータで遺骨が祭壇に運ばれ、そこでお参りすることができる。生前の声が再生されたり、写真などが表示されたりするところもある

お墓のタイプはたくさんあるので、供養の方法や立地などの条件をかんがみて検討しましょう

❖民営、公営、寺院、それぞれの長所と短所

民営墓地、公営墓地、寺院墓地にはそれぞれ特徴があります。長所と短所を見極めたうえで、自分に合いそうな墓地を選択しましょう。

民営墓地は、空いていれば好きな区画を選んで生前購入ができます。ただし、公営墓地にくらべると使用料や管理料が高いところが多く、石材店が指定されていることもあります。経営が不安定な民営墓地もないとはいえません。

公営墓地は、使用料が割安で石材店も自分で自由に決められますが、募集数や募集期間がかぎられています。地域住民であり、すでに遺骨が手元にあることが条件のため、生前購入はできません。

寺院墓地は、生前購入ができますが、原則として檀家にならなければなりません。祭祀承継者がいない場合は購入を断わられる場合もあります。使用料や管理料は寺院によりけりで、お布施や寄付金がかかることもあります。しかし、日々手厚く供養してもらえます。

墓地だけではなく、お墓のタイプや種類もたくさんあって、かかる金額もそれぞれ異なるので選択に迷うかもしれません。

のこしていく家族をわずらわせたくないという理由だけで散骨や樹木葬を考える人も多いのですが、先祖や家族のお墓の存在が、生きている子孫の心のよりどころになる場合もあるのです。費用、管理の手間、家族の思いなどを総合的に考えて判断しましょう。

なお、生前購入すると年間管理料がかかりますので、その費用については確認しておく必要があります。

知って得するお墓の知識

生前購入はよく検討を！

最近、節税を目的として生前に墓石を購入する人が増えています。ただ、購入してからは年間管理料がかかるので注意が必要です。

また、ほかによい墓が見つかった場合でも、転売ができないため解約になってしまいます。しかも、解約した場合でも、永代使用料は戻ってきません。

お墓は転売できないので注意が必要です

お墓の費用を準備しておく

管理や法要にかかるお金の負担方法を考えましょう

新たにお墓を買うさいはもちろん、先祖代々のお墓に入るにしても、年間管理料やお布施など、ある程度のお金がかかるので、そのための費用を準備しておく必要があります。

お墓に関しては、祭祀承継者が日ごろの管理をしたり、年忌法要などを主宰することになります。現在の居住地とお墓の場所が離れていれば、お墓参りのたびに交通費もかかります。お墓の年間管理料は5000〜1万5000円程度、一周忌や三回忌のお布施は3〜5万円が多いようです。

お墓は分割することができないので、祭祀承継者になると、その人ひとりに負担が集中しがちです。法要などの準備や連絡には、時間も手間もかかります。納骨時の納骨費用のほか、四十九日法要、一周忌法要、三回忌法要、お盆やお彼岸の法要の費用負担もあるのです。三回忌ぐらいまでは親族が集まることが多いので、会食や引き物などの費用も発生します。

お墓にまつわる費用

- 永代使用料（区画のお墓を購入する場合）
- 入檀家料（寺院墓地の場合、必要になることも）
- 墓石代・工事費（石の種類やデザインにより異なる）
- 年間管理料
- 法要費用（お布施）や会食、引き物費用など

❖費用負担の方法については家族間で調整

自分が元気なうちに、だれが祭祀承継者になるかをあらかじめ決めておいたり、お墓にまつわる費用負担をどうするかなどについて、家族間でよく話し合っておきましょう。

祭祀承継者が費用負担をするのであれば、遺言書で財産を多めに残したり、死亡保険金で準備するといった配慮も必要です。

新たに購入するお墓を検討しておく

お墓を購入するときは、現地へ行って確認してから決めましょう

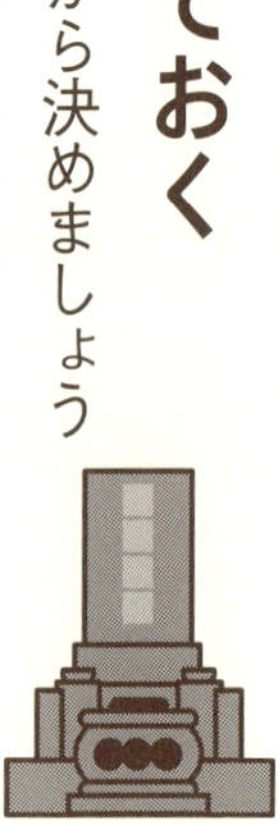

自分（夫）の実家の墓は○○県、妻の実家の墓は△△県と遠方で、どちらの実家も兄弟姉妹が承継者になっている。自分たち家族は□□県に居住し、子どもたちも近郊に家庭があるので、□□県内で新たに墓を構えたい――。

お墓は、維持・管理するよりも購入費用のほうがずっとかかります。金額は種類によって大きく異なりますが、一般的な霊園や寺院墓地のお墓を購入する場合、200～300万円程度を見込んでおきましょう。

購入したらかんたんに買い替えるわけにいかないため、お墓選びは慎重に行ないましょう。できるだけ現地まで行き、家族が気軽に訪れやすい場所を選ぶようにしたいものです。お墓選びでは、交通アクセスが重要。最寄り駅から近いのか、バスやタクシーの有無、お盆やお彼岸の混雑時の渋滞はどうなのかといった確認が必要です。

❖家族が高齢になった場合を想定して判断

たとえ最寄り駅から近くても、実際には起伏が激しい、敷地が広すぎて行きづらい、日当たりや水はけが悪い、駐車場や水道施設の整備状況、掃除や手入れが行き届いているかなどといったことは、行ってみなければわかりません。若いころは階段や急な坂道を楽に移動できても、年をとるとつらくなることも想定して、納得するまで説明を聞いたうえで判断することも大切です。

寺院墓地を選ぶ場合は、新たにそのお寺の檀家になる必要があるかどうか、現在の宗派を問わず受け入れ可能かを確認します。また、お寺や民営の霊園では石材店が指定されていることが多く、相性のいい石材店に依頼できるかどうかはわかりません。仮に、その石材店と相性がよくなくても、石材店の変更ができない場合もあります。そうなってしまうと、その霊園そのものをあきらめざるをえないこともあります。

単なる仲介業者の石材店なのか、メンテナンスや保証がどこまで可能なのかも確認しましょう。

先祖のお墓をどうするか考える

お墓の管理がむずかしいときは、永代供養という方法があります

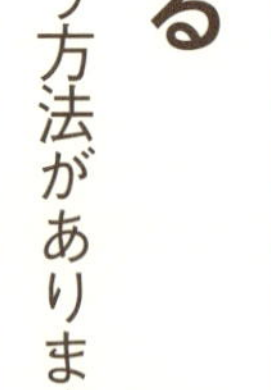

核家族化によって大家族は少なくなり、何代も続いている先祖代々の墓があるという家も、お墓を継いでくれる子孫がいない事態に直面しています。

たとえば、夫側の実家の墓は、兄とその家族が引き継いでいく予定で、妻側の実家は両親とも亡くなっていて、他家へ嫁いでいった姉が先祖代々のお墓を管理しているとします。しかし、姉は嫁ぎ先の家のお墓に入る予定で、姉の子は外国に住んでおりめったに日本には帰ってきません。妻の姉は、最近になって実家のお墓の管理に手が回らなくなってきたと言い出し、先祖の墓をどうしようかと頭を悩ませています。

少子高齢化が深刻な現代では、このようなケースが増えています。それだけではなく、「夫婦だけで子どもがいない」「ひとり暮らしで身寄りもいない」「妻が別のお墓に入りたいと言っている」といった事情を抱えている人がとても多くなっています。

永代供養の種類

●墓石があるタイプ

個別のお墓	個別の区画に仕切られたお墓。一般的なお墓と同様にお墓を建てることが可能で納骨スペースもある。購入費用は、集合墓や合祀墓よりはやや高め。13年、33年、50年などの一定期間を過ぎると合祀墓に埋蔵される
集合墓	マンションのようなイメージのお墓で、20～30程度のお墓を集合させてひとつのお墓の形態にする。納骨スペースが個々にあり、それぞれで小さな石碑などを建てる。遺骨は個別に骨壺などに入った状態で納骨されるため、改葬（お墓の移転）なども可能。一定期間を過ぎると、合祀墓に埋蔵される
合祀墓	複数の遺骨を同じ場所に埋蔵する。100人以上の遺骨が一緒に埋蔵される場合も。全体のシンボルとして、塔やモニュメントを建てるのが一般的。使用料が比較的安いが、遺骨を個別に取り出すことはできないことが多い

●納骨堂など

ロッカー式	コインロッカーのような収納庫の納骨檀に遺骨を納める
棚式	古くからある納骨堂に多くみられるタイプ。納骨堂の建物内部にある棚に、骨壺を並べて収蔵する
仏壇式	仏壇が並んだような形式。上段の仏壇に遺灰や写真を安置し、下段に遺骨を納める
墓石式（屋内墓）	一般の墓地のように区画され、墓石があるお墓を室内に設けた墓地。お花やお線香を供えられる
機械式（堂内墓）	コンピュータで個々の遺骨を祭壇まで運び、そこでお参りができる。生前の声を再生したり、直筆メッセージや写真の表示が可能な場合もある

●樹木葬

里山型	寺院や霊園が所有する山に埋蔵するタイプ。自然に近い形で埋蔵できる
公園型（都市型）	公園のように整備された場所に埋蔵する。自然の里山につくられたものと、霊園の一角に設けられたものがある
個別区画タイプ	一般的なお墓と同様、1区画ずつに分かれる。個人、夫婦、家族などの単位で遺骨を埋蔵する。墓石のかわりに、木や花を植える
合同（合祀タイプ）	シンボルとなる大きな木の周囲に、個々に埋蔵する

❖今の墓地で永代供養が可能か相談

だれもお墓参りに来ず、管理料も滞納されているようなほったらかしのお墓は、一定の猶予期間後に管理者側が墓石を撤去して、敷地内の無縁仏用の場所へ移すことになります。そうならないように、今から考えておくことが必要です。

お墓対策としては、次の方法が考えられます。

① 親族などに承継してもらう

② 永代供養にする

③ お墓を移転（改葬）する（104ページ参照）

核家族が6割以上という現状では、承継者を探すのもひと苦労です。承継者が見つかっても、法要などの費用負担をどうするのか話し合う必要があります。

最近は従来の寺院や霊園でも、永代供養のための納骨堂や合祀墓をつくり、永代供養ができるようにしているところが増えています。「管理しきれない」と悩んだら、いまお墓がある寺院や霊園に、永代供養ができるかどうか確認・相談してみましょう。

お墓を放置したままでは、寺院や霊園も困りますし、何よりよいこととは思えません。

永代供養は、そのお墓のまま供養してくれる場合と、合祀墓などに移して供養される場合があります。供養してくれる寺院などに永代供養料を支払い、遺骨を永代にわたって供養してもらいます。ちなみに、永代というのは「永久」ではなく、一般的には30年程度で、寺院により異なります。

もし、今の墓地で永代供養のお墓がない場合には、お墓を移転（改葬）することを検討しなければなりません。

知って得するマナーの知識

合祀墓の遺骨取り出しは原則不可

たまにあるのが、親の望みどおり合祀墓にしたけど、やっぱり別の場所に移したいというもの。

合祀墓の場合、原則としてあとから遺骨を個別に取り出すことはできません。霊園によっては、気が変わったときのために、1年程度は別に管理しているところもあります。

遺骨が動かせない永代供養は慎重に検討を

お墓の移転方法について知っておく

お墓の引っ越しには各種証明書や改葬許可証が必要です

遠方でお墓の管理ができない、お墓の承継者がいないなどというときは、お墓を移転する（改葬）ことを考えなければなりません。改葬する場合も、手間とお金はかかります。たとえば、A市からB市に移転する場合の手続きは、次のとおりです。

なお、自治体によって必要書類や手続きが異なる場合があります。

① B市（移転先）でお墓を購入し、受入証明書を発行してもらう

② A市で改葬許可申請書をもらい必要事項を記入。

③ A市にある墓地管理者に遺骨を埋葬していることの証明を記入してもらう（埋葬証明書を出してもらう場合も）

④ A市に①〜③を提出する（受理されると改葬許可証が発行される）

⑤ A市のお墓で閉眼供養をしたのち、石材店に遺骨を取り出してもらう

⑥ B市の墓地管理者に改葬許可証を提出する

⑦ B市のお墓で開眼供養をし、石材店に遺骨を納めてもらう

⑧ A市の区画を、石材店に更地に戻してもらい、管理者に返却する

❖墓地管理者に事前の相談を

民営や公営の霊園の場合は、改葬する旨を伝えるだけでかまいませんが、寺院の場合は前もって相談が必要です。

そのさいには、これまでお世話になった感謝の気持ちも伝え、しこりをのこさないようにするのが大切です。

改葬費用の目安

- 遺骨の取り出し／3～5万円
- 古い墓石の回収および更地に戻す費用／10～15万円（1㎡あたり）
- 納骨／2～5万円

※このほか、お墓の購入費や「閉眼法要」「開眼法要」などのお布施が必要

不要な仏壇はお焚き上げをしてもらう

閉眼法要を行なうことで、回収・整理も可能になります

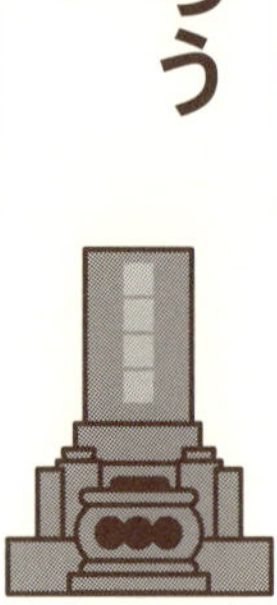

仏壇は、家具などのようにただ処分するというわけにはいきません。

一般的に、仏壇を購入すると仏壇に祀る本尊へ魂入れを行なうために開眼法要を行ないます。その仏壇を片づけるさいには、本尊の魂を納める閉眼法要を行なう必要があります。ただし、宗派によっては開眼法要を行なわないため、菩提寺に確認しておきましょう。

閉眼法要は菩提寺へ依頼します。菩提寺がない場合は、葬儀や法要のさいに依頼した寺院にお願いしましょう。なお、各宗派の資格を持った僧侶を派遣してくれるサービスもあります。

閉眼法要のあとは、お焚き上げをしてもらうとよいでしょう。場合によっては、お焚き上げを行なっていない場合もありますので、事前に確認は必要です。

閉眼法要の流れ

①　菩提寺（葬儀や法要で依頼した寺院）に連絡

←

②　（必要に応じて）法要の案内通知

←

③　閉眼法要（読経）

←

④　仏壇の引き取り

←

⑤　お焚き上げなど

❖菩提寺に相談して閉眼法要を依頼

仏壇を片づける方法は大きく分けて3つあります。

①　菩提寺――閉眼法要を依頼して、法要後にそのまま引き取ってもらう方法です。

ただし、引き取りをしていない場合もありますので、菩提寺に問い合わせてみましょう。

なお、菩提寺が運搬してくれるわけではありませんので、自分でもしくは業者に依頼します。

② 仏壇店――仏壇を小さいものに買い替える場合などに、仏壇店での引き取りサービスを利用する方法です。

今までの仏壇の閉眼法要のほか、新しい仏壇の開眼法要も必要なため、法要と購入、引き取りの段取りを仏壇店や菩提寺に確認しておきましょう。

①、②がむずかしい場合は、③仏壇の引き取りをしている業者経由で寺院にお焚き上げをしてもらう方法があります。

❖位牌はひとつにまとめる方法も

現在、あなたの自宅に仏壇があり、仏壇のなかにたくさんの位牌が祀られている場合は、位牌の整理をしていくことを考えておきましょう。

仏壇に入る位牌の数には限度があります。このとき、複数の位牌をひとつにまとめる「繰出位牌」や「先祖代々の位牌」をつくることができます。

繰出位牌には、ひとつで10名前後の戒名を書きこむことができます。位牌のなかに10枚ほどの板が入っていて、そこに戒名が書きこまれます。

また、先祖代々の位牌とは先祖すべてをひとつにまとめた位牌のことです。繰出位牌とちがってそれぞれの戒名は書きこまれず、「○○家先祖代々之霊位」「○○家先祖代々各霊菩提」などと記入されます。

なお、この位牌の大きさは仏壇のなかでいちばん大きくなるようにするのが一般的です。

お墓を永代供養にするなどで、位牌を手元に置いておけない場合には、お焚き上げをしてもらうかお寺に預かってもらう方法があります。

繰出位牌と先祖代々の位牌

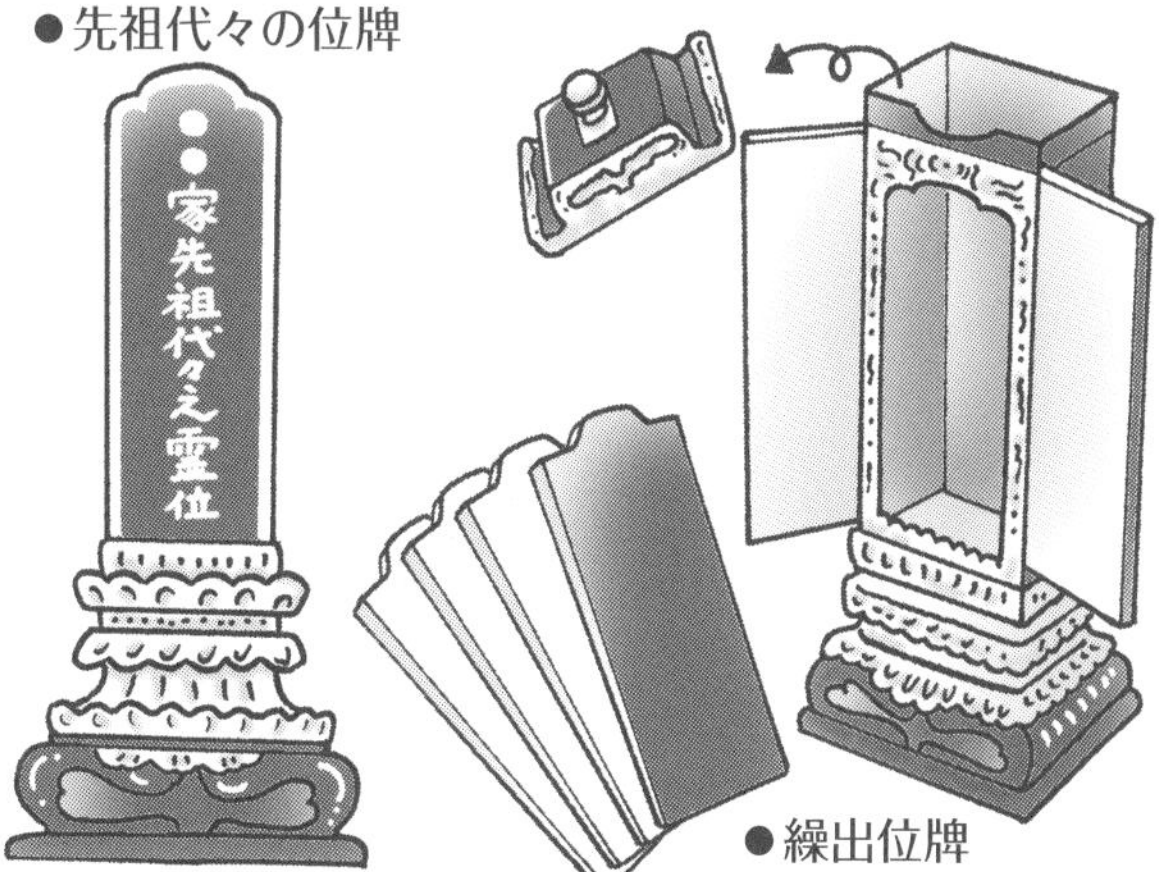

繰出位牌の戒名書きは住職に墨書きをお願いしましょう

よくあるお墓購入の失敗例

家族に相談せずお墓を購入。
妻が「一緒のお墓はいや！」

（Kさん　63歳　男性）

地方出身の私と東京出身の妻は、結婚して30年間、ずっと東京に住んでいます。私は、2年後に定年退職となります。老後は田舎で暮らすつもりで、妻も同意していました。

ある日、友人と会って故郷に霊園の募集があることを知り、気に入ったので購入しました。

ところが、これを知った妻は、「田舎暮らしって、あなたの実家なの？　相談もなくいきなりお墓を買うなんて。私は絶対に入らない!」と怒り心頭です。もともと、故郷で暮らすことも考えていましたが、妻は妻で、自分の住みたい地域を探していたというのです。

私は故郷で買った墓地を気に入っていますが、このままでは妻が自分の実家の墓に入るか、妻自身の墓を買うことになるかもしれません。

お墓の買い直しは、かんたんにはできません。配偶者の気持ちや祭祀承継者にも配慮しましょう。

【パート4】

相続に関してやるべきこと

自分の遺産を把握する

何があるか、自分自身で把握しておきましょう

葬儀ほど急ぎませんが、あなたの死後、のこされた家族は、相続をどうするかについて対応しなければなりません。預貯金、株式や債券などの有価証券、保険の証券をはじめとする財産の保管場所と内容については、本人しか知らないケースが非常に多く、家族が探すとなるとたいへんです。

のこされた家族は、遺産を分けたり、相続税の申告のために、あなたの財産を調査することになります。タンスにある現金も預金通帳も探す必要があるのです。通帳を記帳して、債務や生前贈与といったお金の流れを把握する必要もあります。

持ち家があれば、不動産登記簿謄本（登記事項証明書）を取り寄せて、だれの名義になっているか確認したりする必要が出てくるでしょう。土地の境界がはっきりしていない場合は、土地家屋調査士に調査を依頼することになります。

プラスとマイナスの相続財産

●プラスの相続財産の例

・預貯金、現金（タンス預金も）
・土地、建物（抵当権なども）
・自動車、バイク　　・家具、電化製品
・美術品、宝石類　　・有価証券
・商標権や著作権　　・ゴルフ会員権　など

●マイナスの相続財産の例

・借金　　　　　・住宅ローン
・自動車ローン　・未払い家賃
・未納の税金　　・未払いの代金　など

あなたに借金があれば、それも相続の対象になります。遺族はどのような財産がどれだけあるのかわからないと、だれが何をどれだけ相続するかを決めることもむずかしく、相続税額の確定にも影響をおよぼします。

❖調査漏れがないように確認

このように、財産調査はたいへんな手間がかかります。さらに、相続の手続きが終わったあとに、漏れていた財産の存在が発覚した場合、相続税の過少申告や無申告の加算税、延滞税がかかることもあります。

相続財産の内訳

●**不動産**

毎年4～6月に送られてくる固定資産税の納税通知書または、各不動産のある市区町村役所で名寄帳の写しをもらう。隣地との境界線が不明確な場合は、境界線の確定等が必要

●**現金・預貯金**

通帳等が見あたらない場合は、金融機関で残高証明書をもらう

●**借地権や貸借権**

自宅に契約書がない場合、登記簿謄本で調査する

●**生命保険**

保険証券が見当たらない場合は保険会社に直接問い合わせる

●**借金**

カード会社からの支払い請求書、税金未払いの督促状、抵当権は全部事項証明書の記載から探す

最近多いのは、ほとんど価値がない山林などの存在を知らないケース。親が亡くなったときに山林があることを知らされ、だれが所有者になるのか決める必要が出てきます。

調査漏れの財産の存在は、のこされた家族に手間と納税額の増額といったよけいな負担をかける可能性があるのです。

家族が調査するのはとてもたいへんです。あなたの財産の全容は、あなた自身がもっとも把握しやすい立場にあるので、元気なうちに整理して把握しておくようにしましょう。

知って得する相続の知識

放置不動産は自分の代で解決を

ほとんど価値がない山林などは、固定資産税も0円〜数千円程度。ただし、何かあったときに管理責任を問われる可能性もあるので、名義はきちんと変えるようにしましょう。

放置は処理を子孫に先送りしているだけ。自分の代で解決する努力が必要です。

名義を変えておかないと、あとで家族が困ることになります

遺言書の有無と遺産分割の方法

あなたの遺産をどのように分けるか考えましょう

あなたの死後、相続人が遺産を分割する場合には、次の3つの方法があります。

①相続人全員の「話し合い」によって分割する
②「遺言書」の内容に従って分割する
③「裁判所」に決めてもらう

たとえば、あなたが家族に「家は妻に、葬儀費用や入院費の支払いなど諸経費300〜400万円を除けば預貯金が1000万円ぐらいあるから、それは子どもたちふたりで折半してくれ」と言ったとします。「家族は了解したから、遺言書はいらない」と遺言書を残さなかったら、どうなるでしょうか。

あなたの考えが家族全員に伝わっていたとしても、「遺言書がない」場合は、①の方法で分割することになります。

遺産分割の流れ

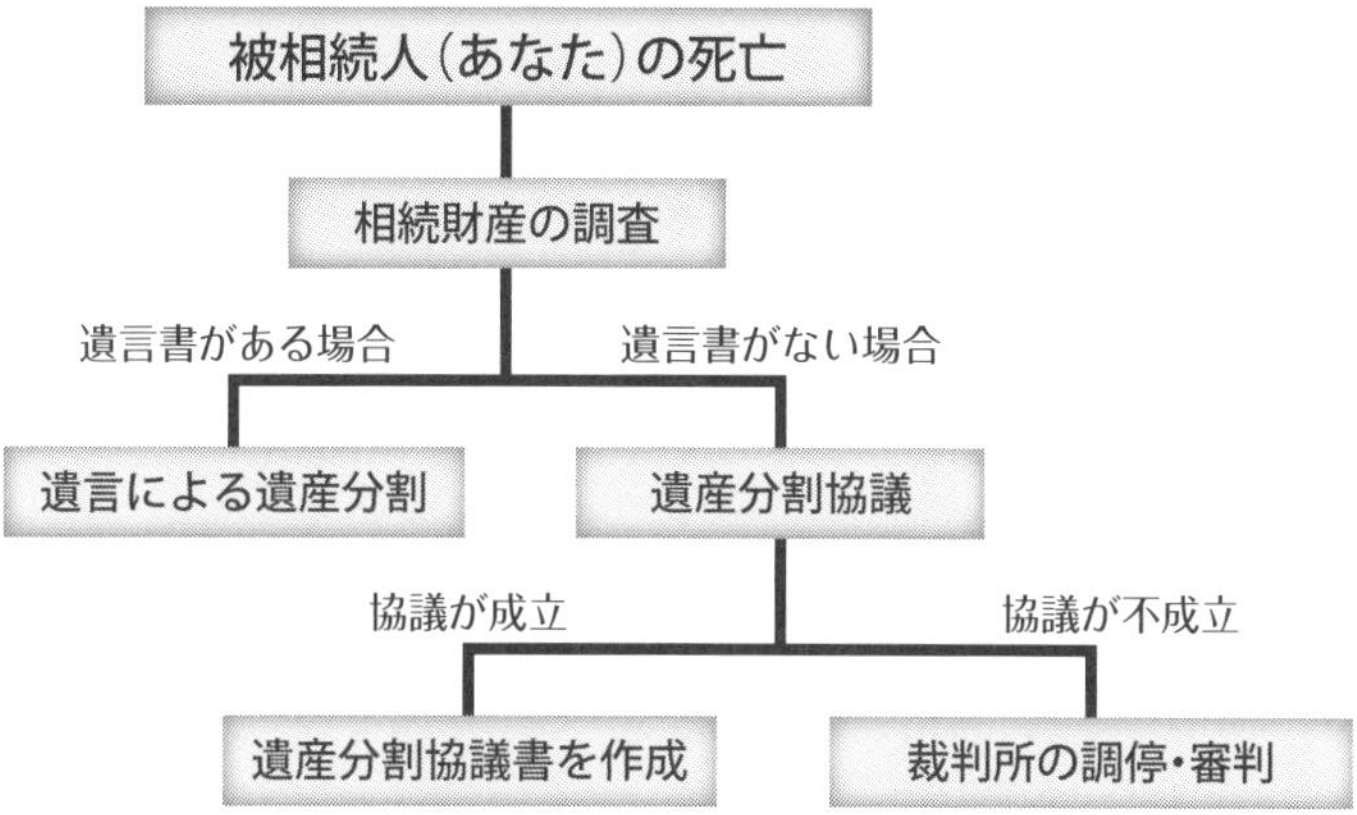

※調停が不成立になった場合は審判が行なわれ、審判による遺産分割となります。
遺族が審判に不服申立てをした場合、さらに上級審による審査が行なわれます

あなたの考えどおりに遺産分割される可能性もありますが、そうならない場合は、③の裁判によって分けることにもなりかねません。

「遺産の相続について、自分の考えを尊重してもらいたい」「分け方を決めておきたい」と思うなら、遺言書があったほうが確実です。

遺言書には、自分で作成する「自筆証書遺言」と公証役場で作成する「公正証書遺言」があります。それぞれにメリット、デメリットがありますが、自分に合う方法を選びましょう（詳細は128ページ以降参照）。

財産をどのように分割してほしいのか考える

実情に合わせたスムーズな遺産分割を目指しましょう

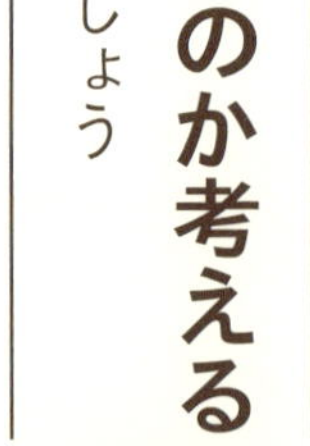

遺産相続の仕方には、法定相続分のとおり、遺言書の内容のとおり、相続人が自由に分けるという方法があります。

法定相続分は、法定相続人がだれなのかによってちがいます。その法定相続人は、民法で定められており、配偶者は常に相続人ですが、それ以外は相続順位が決まっています。

第一順位は子、第二順位は親、第三順位はきょうだいです。第一順位の該当者がいなければ第二順位、第二順位もいないときは第三順位と順位が移動します。

たとえば、妻と子がいる夫が死亡した場合、相続人は妻と子です。子どもがおらず、夫の親が健在ならば妻と夫の親が相続人になります。子どもがおらず、夫の両親も先に亡くなっていて夫のきょうだいが存命ならば、相続人は妻と夫のきょうだいになり

法定相続人

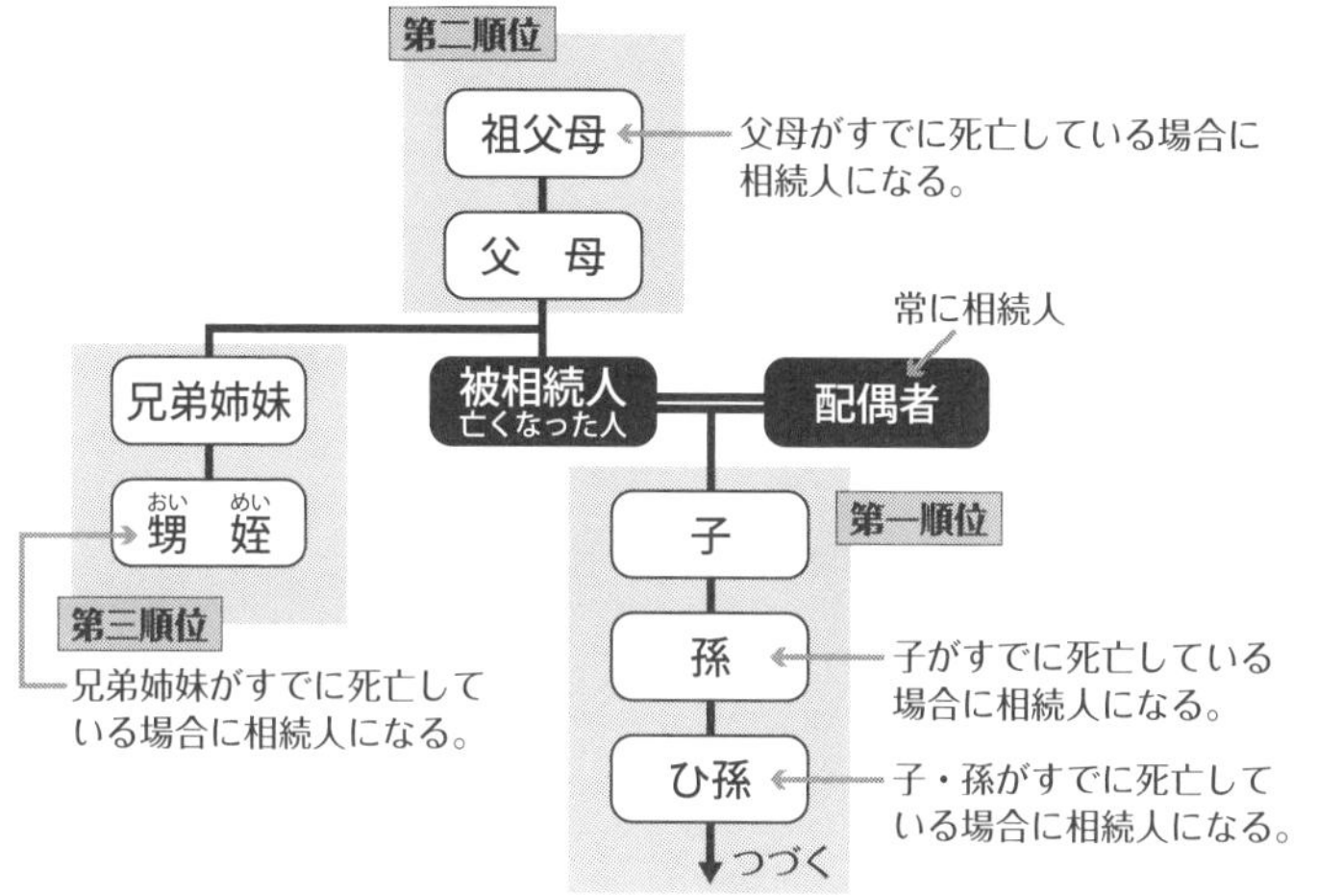

ます。

その法定相続人の法定相続分は、配偶者がいる場合は配偶者の相続分さえわかれば、覚えるのはむずかしくありません。ほかの相続人は、配偶者の相続分の残りの割合を該当者で分割すればよいのです。

妻と子がいる場合は妻が2分の1、妻と夫の親がいる場合は妻が3分の2、妻と夫のきょうだいがいる場合には妻が4分の3。その残りがほかの相続人の分です。

そしてもうひとつ、遺産の分割を決めるさいに考慮すべきなのが「遺留

法定相続人と遺留分

法定相続人		法定相続分	遺留分
配偶者のみ		1	1/2
「配偶者」と「子」	配偶者	1/2	1/4
	子	1/2	1/4
「配偶者」と「父（母）」	配偶者	2/3	1/3
	父（母）	1/3	1/6
「配偶者」と「きょうだい」	配偶者	3/4	1/2
	きょうだい	1/4	なし
「子」のみ	――	1	1/2
父（母）のみ	――	1	1/3
きょうだいのみ	――	1	なし

法定相続人と遺留分については、しっかり把握しておきましょう

分」です。

遺留分とは、相続人が最低限保証されている分割割合のことで、基本的に法定相続分の半分です。ただし、子や親には遺留分がありますが、きょうだいには遺留分がありません。

この遺留分の割合は、必ず相続させなければならないものではなく、また、遺留分を侵害されている相続人が主張するかどうかも自由です。

しかし、遺留分をめぐる争いは多くあるため、法定相続分や遺留分を考えながら、どのような分割がよいのか考えていくことが大切です。

❖自由な分割には協議による合意が必要

遺産は、相続人の間で均等に分けなくてもかまいません。

たとえば、妻が長男一家と同居しているなら、妻には家と有価証券を、長男には車と預貯金の一部、留学費用と結婚費用を援助した長女には預貯金を少しなど、実情に応じて配分を考えることができ、それを遺言書に記しておく方法もあります。

あなたが遺言書を残さずに亡くなったときは、相続人どうしの話し合い（遺産分割協議）で決めることになります。

分割内容は自由に決められますが、重要なのは「相続人全員」で行なう必要があること。相続人のだれかを除いて決めることはできません。相続人の数が多いと所在確認に手間取ったり、意見がまとまらなかったりすることもあります。

そして、遺産分割協議がまとまったら、のちの争いを回避するためにそれを「遺産分割協議書」として作成しておきます。この遺産分割協議書は相続人数分作成し、それぞれ相続人全員の署名や実印押印をし、各人が保管します。

遺言書をつくったほうがいい場合

分けづらい遺産は、遺言書が解決のカギになります

「うちは財産がないから、相続の問題は起こらない」「きょうだいの仲がいいから相続で争うなどあり得ない」と考えるのは大きなまちがいです。

「預貯金の600万円を、妻と子ども2人で均等に200万円ずつ分けて相続する」など、遺産を分割しやすいケースのほうがむしろ少ないもの。財産の有無や家族仲に関係なく、争いの可能性が出てくることを知っておきましょう。

❖前妻との間にいる子の存在を伝えてない場合

たとえば、あなたが前妻との間に子がいたことを今の配偶者A子さんに伝えていないケースで考えてみましょう。あなたに両親やきょうだいがおらず、A子さんとの間に子がいなかったとします。

あなたが亡くなったあと、前妻の子どもを名乗る男性がA子さんの前に現われ、遺産としてかなり高額な現金を要求しました。子どもがいることを知らなかったA子さんにとって、まさに青天の霹靂でした。

夫の預貯金は闘病で使ってほぼ残っておらず、唯一の財産は自宅だけ。しかし自宅を売るわけにはいかず、A子さんは自分の預貯金から支払うことになりました。

こうしたケースでは、遺言書がないと、のこされた家族の生活が不安定になるかもしれないのです。

A子さんのケース

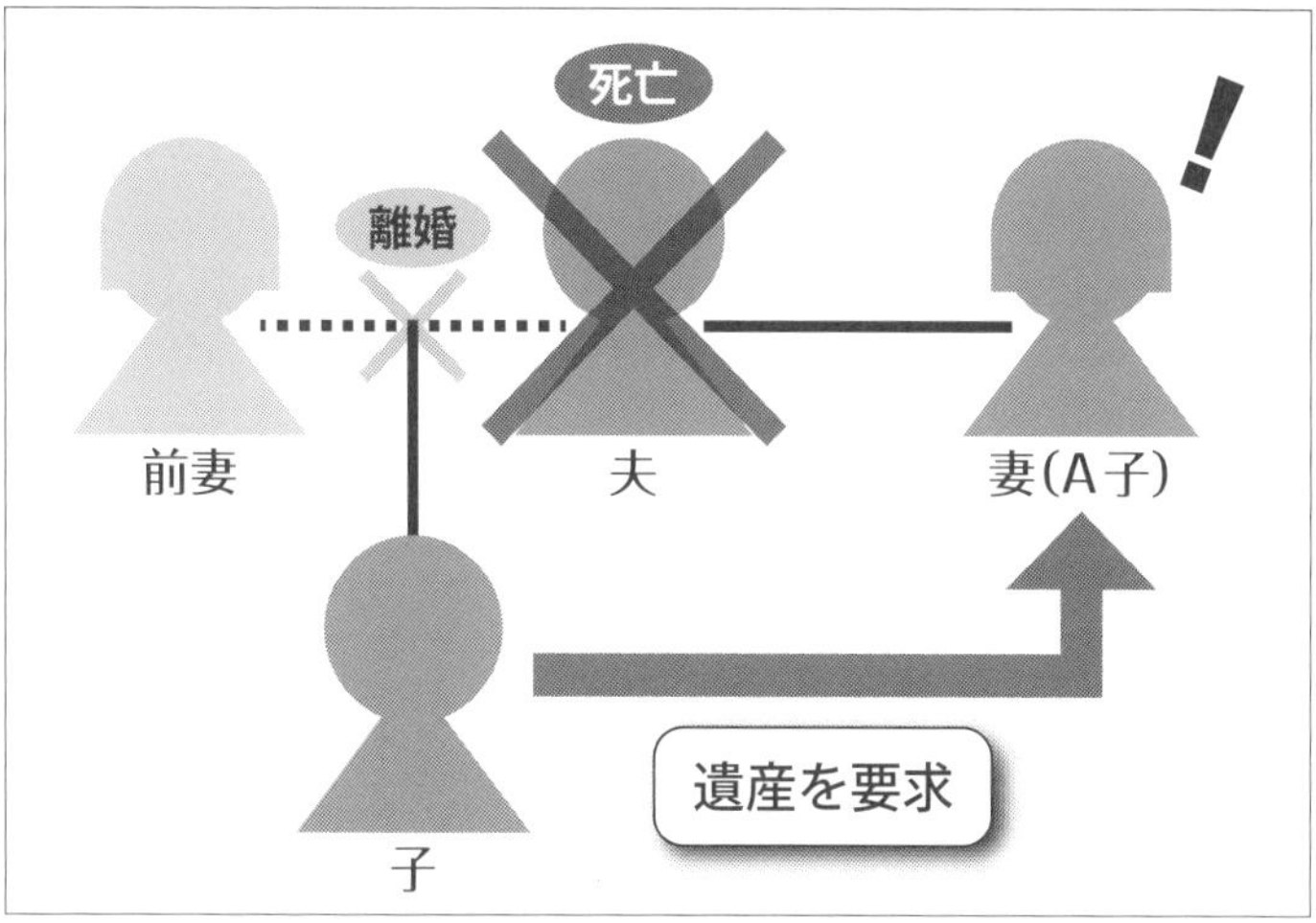

❖人数が多すぎて協議がうまくいかない場合

相続人が多いと、遺産分割協議がまとまりにくくなることがあります。たとえば、独身のきょうだいが亡くなり、相続人が複数いるケースで考えてみましょう。左のページの図のように、相続人が6人にもおよぶ場合です。

B子さんの弟が亡くなりました。その遺産をきょうだいで分けることになりましたが、すでに兄や姉は亡くなっているため、兄や姉の子（B子さんの甥《おい》や姪《めい》）が代襲相続人になりました。

B子さんや甥・姪は関東圏に住んでいますが、妹は中部地方に住んでいます。また、甥や姪たちは仕事や育児に忙しくしている状況です。

最初の話し合いは、妹の子が出産のため延期となり、次の予定日はB子さんが体調を崩し入院するなど、全員が予定を合わせるだけでもたいへんでした。

不動産や骨とう品など、分けにくい財産が多いうえに預貯金が少ないため、全員がそろったほうが話しが早いと思ったからです。

しかし、全員集まって分け方の話がはじまると、売って現金を分けたい、その不動産が欲しい、骨董品は高く売れるはずだから査定しようなどと、話がぜんぜんまとまりません。しまいには言い争いになってしまいました。

結局、家庭裁判所に調停を申し立てることになり、仕事の繁忙期や家族の世話などもあったB子さんたちは、たいへんな思いをしたそうです。

「相続人も財産もこれだけ多いのなら、弟が遺言書を書いてくれたらよかったのに」。B子さんたちは、つくづく実感したそうです。

B子さんのケース

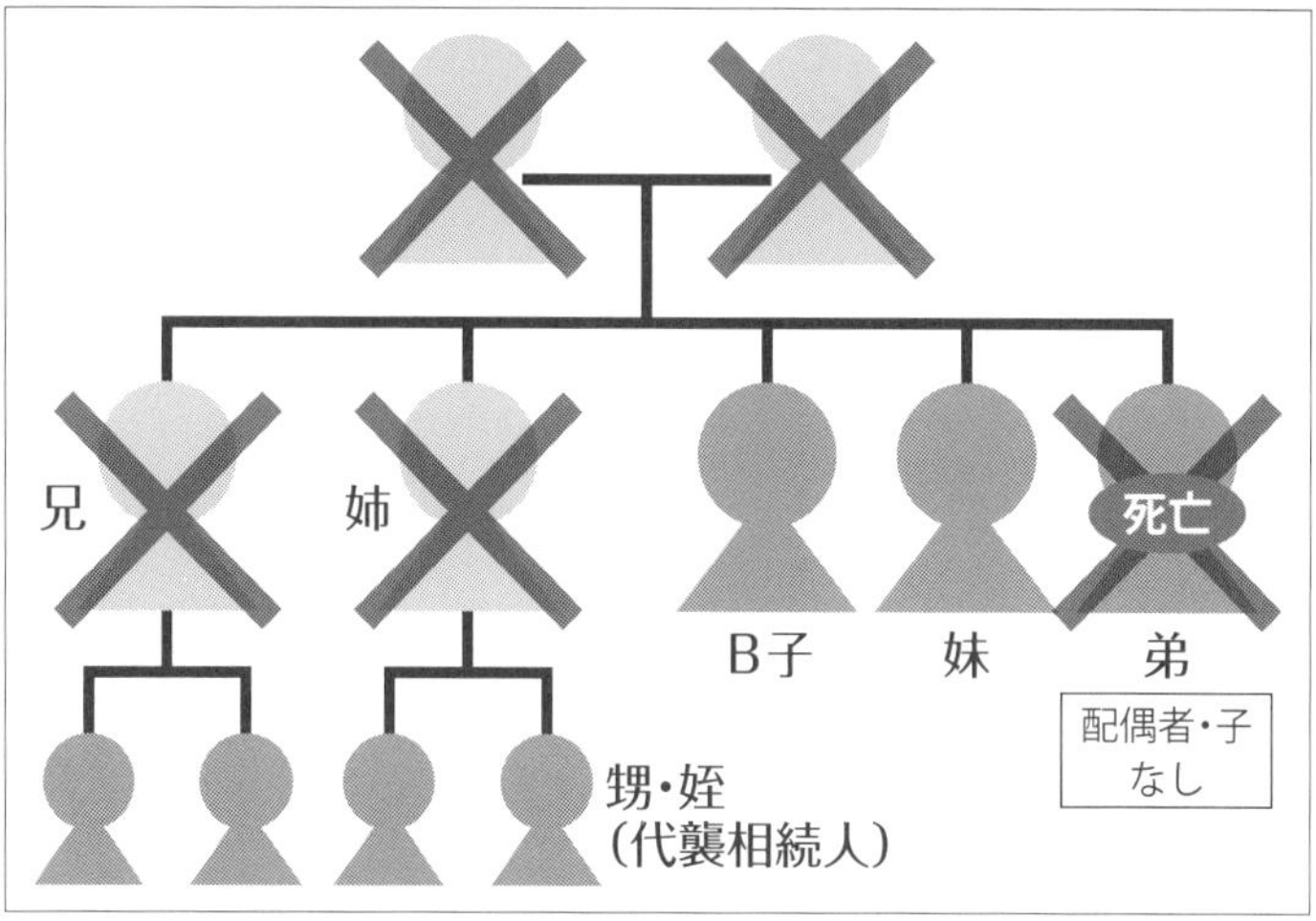

❖気をつけたい二次相続

両親と子どもがいる家庭で、父か母のどちらかが亡くなったときに、配偶者と子どもが相続する場合を一次相続、もうひとりの親が死亡したさい、子どもだけが相続する場合を二次相続といいます。子どもにとっては、親からの遺産をしっかり相続するのは、二次相続のときと思うものです。

たとえば、父のA太さん、母のB子さん、長女のC美さん、長男のD男さんの4人家族で、A太さんが亡くなった場合（一次相続）で考えてみましょう。この場合、子どもたちは母のB子さんの今後の生活を考え、母がほとんどの遺産を相続する形でまとまるケースが多くあります。その後、B子さんが亡くなったときに、その遺産をC美さんとD男さんが相続（二次相続）します。

一次相続では、もうひとりの親が健在であるため、子どもは親の生活を守ろうという意識が働きます。しかし二次相続では、子どもたちだけで決めることになります。

このケースでは、「お母さんの付き添いや看病は全部わたしがやったのに、どうして預貯金を弟と折半しないといけないの！」などと、不満や不平等感が噴出することもあります。

親の介護により不満が大きく募ったり、今まで金銭的な援助を受けていたなど、子どもたちは、幼少のころからの不平等を、遺産相続で平等にしようとするケースがあります。

親は同じように育てたと思っていても、子どもはそう思っていないことがあるのです。相続は、二次相続の場合を考えて行なうことが大切。家族仲はちょっとしたきっかけで悪くなることも知っておきましょう。

注意が必要な二次相続

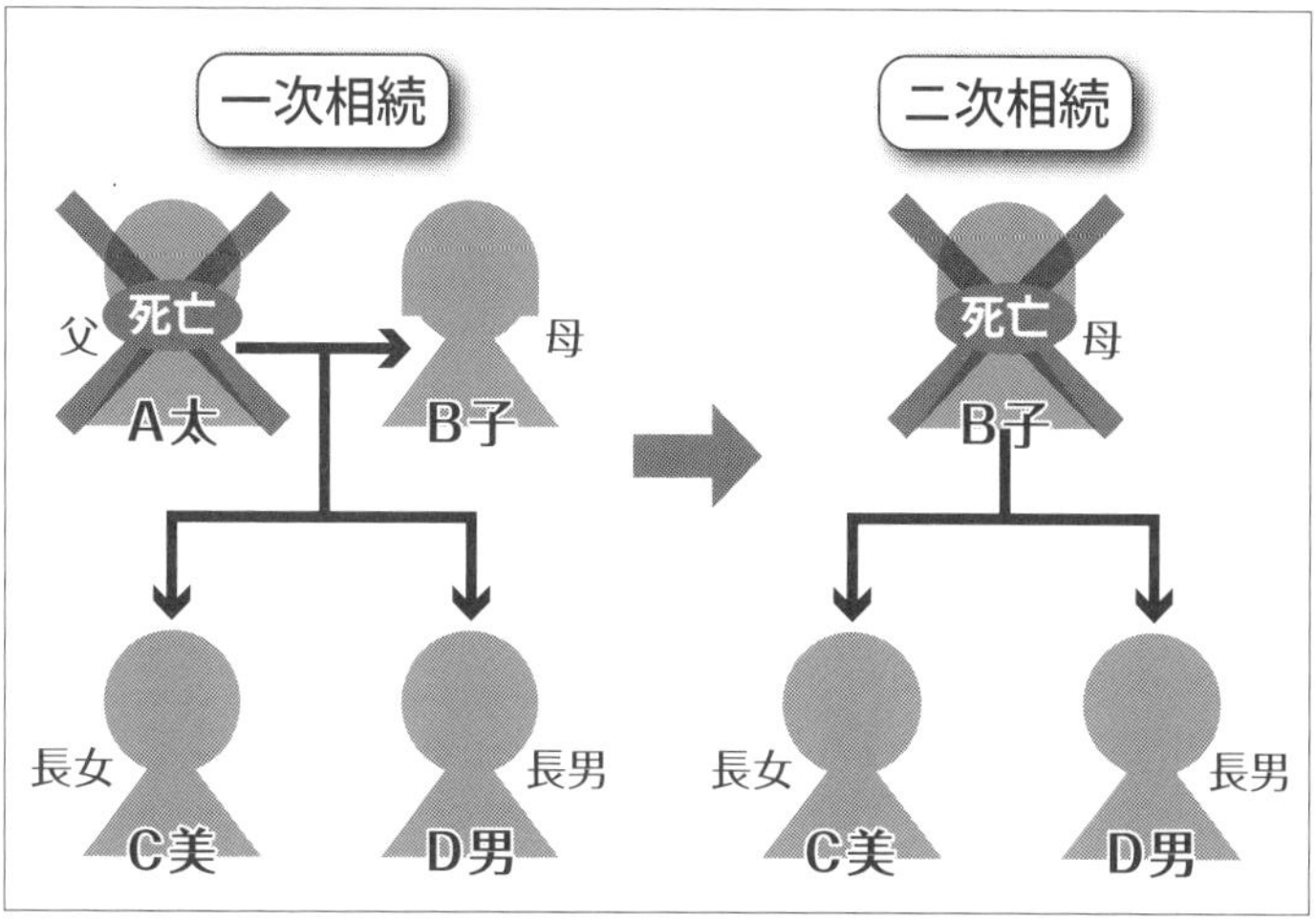

自筆証書遺言をつくる

自分で書く場合でも、必ず専門家と相談しましょう

自分で作成する「自筆証書遺言」は、じつはひとりで作成するのはたいへんです。「手軽に作成できる」と考える人が多いことでしょう。もちろん、自分できちんと書ける人もいるのですが、遺言書は書き方や内容について専門的な知識が必要で、不備も起こりやすく、無効となったり、財産の特定ができず名義変更の手続きができなかったりする場合もあります。また、「書かせた」「筆跡がちがう」などのトラブルもあります。自分で遺言書を作成するときは、次の要件を満たさなければなりません。

① 全文を自筆で書く
② 「作成年月日」を記入する
③ 「署名」を必ず記入する
④ 押印をする

遺言という性質上、だれかれかまわずに見せて相談しながら書くわけにはいきません。かといって、だれのチェックも受けず、ひとりだけで書くと、ミスや不備が発生しやすくなります。専門家に相談しながら書いて完成させましょう。

❖「パソコン入力で名前だけ自筆」はダメ

遺言書について「パソコンで入力して印刷し、署名だけ自筆にすればいい」と考えている人がいますが、これは認められません。遺言書は一字一句、「全部手書き」にしなければなりません。便せんなどに書き、封筒に入れるのが妥当です。

また、「作成年月日」は西暦でも和暦でもいいのですが、日付を特定できないと無効になります。「平成28年11月吉日」では、何日に書いたものかわからないので、無効になってしまいます。

「署名」は、住民票や戸籍謄本に記載されているとおりの漢字で書きます。略字でも本人と特定されればよいとされますが、その後の手続きを考えると、フルネームで略字を使わずに書くことが大切です。押印は認印でも大丈夫ですが、実印で押印することをおすすめします。ちなみに、スタンプ印（インク浸透印）は印鑑と認められていません。拇印も避けましょう。

筆記用具は、消しゴムで消せるシャープペンシル、鉛筆のほか、「消せるボールペン」などはNG。書きまちがえてしまったときは、該当箇所に二重線と押印をし、余白に「本行2字加入2字数削除　署名」などと書いて訂正します。不備があったり、手間がかかったりするので、最初から書き直してしまうほうがいいでしょう。

❖自筆証書遺言には「検認」が必要

家族があなたの自筆証書遺言を発見したら、あなたの最後の住所地を管轄する家庭裁判所に「検認」の申し立てをします。

検認とは、遺言書の内容の偽造や改ざんを防ぐための手続きです。封印してある遺言書は開けてはいけません。家庭裁判所で開封しなければならないのです。検認を受けずに勝手に開封した者は、5万円以下の過料に処せられる場合がありますが、遺言書自体は有効です。

しかし、開封してしまうと無効になるとかんちがいしている人が多いため、遺言書の封筒の裏に「開封禁止、家庭裁判所で検認をすること」と書いておくことをおすすめします。

検認の手続きをするさいは、検認申立書、遺言者の出生時から死亡時までの連続した戸籍謄本や住民票の除票、相続人全員の戸籍謄本が必要。書類をそろえなければ家庭裁判所への申し立てができず、相続の手続きをするのに時間がかかります。

この手間が自筆証書遺言のデメリットともいえます。

知って得する法律の知識

遺言書に封は必要ないが……

自筆証書遺言は、封に入れてのりづけ（封印）されていなくてもかまいません。しかし、偽造や改ざんされるおそれがあります。また、事前に内容を知ることでトラブルに発展することもあります。

なお、封印したときは、開封せず家庭裁判所で検認する旨を書いておきましょう。

遺言書の封筒はのりづけしておくほうが無難です

公正証書遺言をつくる

費用や手間はかかりますが、不備の心配はありません

公正証書遺言で作成するには、まず、だれに何を、どの程度の遺産を残したいのか、遺言の内容を考えなければなりません。

遺言内容が決まったら、公証役場に遺言書作成の予約をし、当日持参する必要書類（戸籍謄本や財産のわかるものなど）の準備をします。そして公証役場で、遺言内容を公証人に口述し書面を作成してもらいます。

公証役場には、口述するときと署名するときの少なくとも2回は行かなければなりません。署名するときは、遺言内容を確認するための証人2人が必要になります。

未成年者や推定相続人、四親等以内の親族などは証人になることができません。証人になってくれる人の心当たりがない場合には、公証役場で証人になってくれる専門家を教えてもらえますので、専門家に直接依頼すればだいじょうぶです。

公正証書のつくり方

① 遺言内容を考える

↓

② 公証役場に予約

↓

③ 必要書類を準備

↓

④ 公証役場に行く

↓

⑤ 公証人に必要書類を渡し、遺言内容を伝える

↓

⑥ 公証人が聞き取った遺言内容を、後日書面に作成する

↓

⑦ 内容の確認をする（FAXなど）

↓

⑧ 遺言書作成の予約をする（証人も）

↓

⑨ 本人と証人（2人）が公証役場へ行く

↓

⑩ 公証人が作成した遺言内容を読み上げ、3人で確認

↓

⑪ OKならそれぞれが署名・押印し、完成

❖公正証書遺言の作成にかかる費用

公正証書遺言の作成には、作成手数料がかかります。その作成手数料は全国一律で、あなたの財産の総額に対して決まるのではなく、譲り受ける人ごとの財産額で計算します（左ページの表）。

たとえば、あなたの財産が5200万円あり、それを妻に4000万円、長男に700万円、長女に500万円という遺言の内容を作成したとします。

その場合、妻の4000万円を公証人手数料にあてはめると2万9000円、同じように長男分1万7000円、長女分1万1000円となります。

そこに、財産の総額が1億円未満の場合や、祭祀承継者（主宰者）を指定する場合などであれば1万1000円が加算されていきます。

それ以外にも、3通作成される原本、正本、謄本の作成手数料（用紙代）がかかります。さらに、証人への日当として、1人につき5000～1万5000円程度が必要になることもあります。

公正証書遺言の作成にかかる公証人の手数料（抜粋）

遺　産　額	手　数　料
200万円超～500万円以下	1万1000円
500万円超～1000万円以下	1万7000円
1000万円超～3000万円以下	2万3000円
3000万円超～5000万円以下	2万9000円
5000万円超～1億円以下	4万3000円

●このほかにかかる費用
①公正証書正本、謄本の作成手数料は１枚250円
②目的価額の総額が１億円以下の場合は、プラス１万1000円
③祭祀主宰者の指定は、プラス１万1000円
④前に作成した遺言書を撤回する場合は、プラス１万1000円
⑤出張する場合は手数料額の５割増し加算、日当１万円（４時間以上は２万円）、交通費実費

遺言書はどの地域の公証役場でも作成できます。ただし、公証役場はすべての市町村にあるわけではありません。また、公証役場が少ない地域では、なかなか予約が取れないケースもあります。

ゆっくり相談にのってもらいながら遺言書を作成したい場合は、遺言内容について、司法書士や行政書士、弁護士などの、遺言書作成を行なっている専門家に相談しましょう。

まず、専門家に原案を作成してもらったうえで、公証役場で作成することもできます。

❖公正証書遺言のメリットとデメリット

公正証書遺言の最大のメリットは、「検認」が不要なこと、デメリットは費用がかかることです。

自分で公証役場に行って作成する場合には、公証役場を探して予約をし、必要書類の準備、証人2人に依頼をしなければなりません。しかし、遺言書の内容や対策を考えてくれる専門家に遺言書作成の依頼をすると、これらはほぼ専門家の側で行なってくれます。ただし、専門家への報酬が発生します。

知って得する遺言の知識

体力が弱っても遺言作成ができる

公正証書遺言は、公証人が自宅や病院に出張してくれるため、体力が弱って歩けなかったり、病気になったりしたときでも、作成することが可能です。

たとえ自力で署名ができなくても、公証人が代理で署名することが、法律上認められています。

費用はかかりますが、安心して遺言書がつくれます

自分で遺言内容を考えようと思っても、いろいろな対策を盛り込むのはむずかしいもの。それならば、遺言書を作成してくれる公証人に対策を含めた相談をすればよいのではないかと思うかもしれませんが、地域によって公証人の時間があまりとれず、ゆっくり遺言内容の対策まで相談することがむずかしいケースが多くあるのです。

かんたんな内容のものなら自分で公証役場に行って作成すればよいのですが、遺言書を作成する「目的」が、「家族が困らないように、もめないように」などというものなら、そのような内容の遺言書を作成しなければ意味がありません。それを自分で行なうのがむずかしいと思うなら、専門家に依頼するのもひとつの方法です。

なお、「公正証書遺言は費用がかかるから、ちゃんと考えて最終的なものを……」と考える人も多くいますが、公正証書遺言で作成しておいて、その後、自筆証書遺言で作成することも、再度公正証書遺言で作成することもできます。

公正証書遺言は作成に費用がかかりますが、公証人の前で口述しますので、「書かせた」とか「親の意思じゃない」「筆跡がちがう」などのトラブルはありません。無効になることもありませんので、無用な争いを避けることもできます。

遺言書を作成するときの注意事項

寄与分や特別受益などの言葉と意味を知っておきましょう

遺言書を作成するさいには、いくつか注意点があります。たとえば、あなたが「全財産を二女へ相続させる」という遺言をのこしたとしても、他の相続人は「遺留分（118ページ参照）」という最低限相続できる割合を主張することができます。

さらに、「長男は家業の新規開拓をして売上を大幅にアップし、あなたの財産を増やした」など、特別な貢献をした人に「寄与分」として相続分にプラスして財産を相続させるものや、「長女には生前、結婚資金の一部を援助した」などの場合、「特別受益」として相続分からマイナスして財産を相続させるものがあります。

これらの制度は、相続人間における不公平を是正し、平等にするために設けられた制度です。しかし、「遺留分」「寄与分」「特別受益」は、必ず行なわなければならないものではありません。

遺留分、寄与分、特別受益

●**遺留分**
遺言書の内容に関係なく、家族が主張できる権利
法定相続分の1/2、ただし兄弟姉妹は遺留分がない

●**寄与分**
あなた（被相続人）の財産形成などに特別な貢献をした人にプラスして相続させるもの

●**特別受益**
あなた（被相続人）が生前、相続人のだれかに資金を援助するなどした場合に、相続分からマイナスして財産を相続させるもの

そして、一度作成した遺言書を再作成する場合、公正証書遺言で作成していても、自筆証書遺言で作成しなおすことも、その反対のケースも可能です。

ただし、古い遺言書が自筆証書遺言なら、それを破棄すればよいのですが、公正証書遺言なら、原本が公証役場に保管されているため、新しい遺言書のなかで前の遺言の撤回が必要です。

遺言書が2通以上存在するときは、重複する部分は日付の新しいほうが有効で、重複しない部分は、古い遺言書が有効です。混乱を招かないように、遺言書は1通のみにしましょう。

作成した遺言書の保管を考える

存在を家族に伝えるときには注意が必要です

自筆証書遺言の場合、方式の不備がないように注意深く遺言書を書いて保管したとしても、あなたの死後に家族が遺言書を見つけることができなければ、まったく意味がありません。そうなると、遺言書は存在しないものとして相続手続きがはじまってしまいます。

遺言書は、あなたの最終意思ですから、あなたが生きている間は家族に内容を伝えなくてもかまいません。保管場所や遺言書の存在を信頼できる人（家族でなくてもよい）だけに伝えておいたり、エンディングノートに存在を記しておく方法もあります。

❖自筆証書遺言の保管は慎重に

とはいえ、遺言書の内容や保管場所は、家族みんなに伝えるような性質のものではありません。自宅なら保管が楽ですが、どの場所に保管しても、どのように家族に説明してもリスク、デメリットはあります。保管場所を忘れる、紛失、改ざん、破棄のおそれがありますし、まれに火事や災害などで遺言書が失われることもあり得ます。控えがあっても、原本以外は効力がありません。

貸金庫に預ければひと安心と考えがちですが、費用もかかりますし、何よりあなたが死亡したときにはその貸金庫を開けることができません。親友などに預けた場合、遠方に転居したり、その人が先に亡くなったり、あなたの訃報を知らない場合もあります。

一方、公正証書遺言は、公証役場に原本が保管されているため、紛失などの心配がなく、内容を忘れた場合でも、コピーをもらうことができます。

自宅以外で保管するデメリット

- **貸金庫**
  費用がかかり、あなたが死亡すると貸金庫が開けられない
- **親友に預ける**
  友人が死亡すると存在そのものが相続人に伝わらない

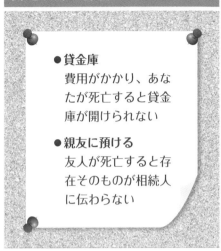

生命保険の活用方法を知っておく

死亡保険金は相続財産ではないため、活用することができます

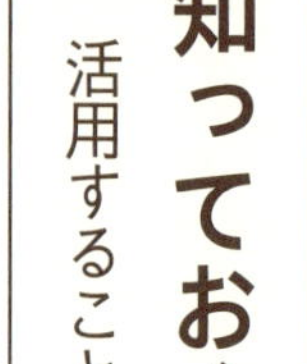

「相続」には、相続税の計算をするときのルール（相続税法）と、遺産を分けるときのルール（民法）があるためにわかりにくく、両者を混同してしまっている人がたくさんいます。

たとえば、葬儀費用。この費用は相続税法では控除の対象になっていますが、民法上では控除の対象になっていません。つまり、相続税の計算をするときには、葬儀費用分を遺産の額から差し引いてよいけれど、遺産分割をするときには実際に支払った葬儀費用を差し引いて分けることができないということです。

あなたが亡くなったあと、長女が葬儀や納骨・法要、遺品の整理などの費用を支払った場合、長女の持ち出し（自腹）になるかもしれません。これらはあなたの死後に発生する費用であるため、相続財産から差し引くことができないからです。

このような場合、生命保険を活用し、受取人を長女にした死亡保険金を準備しておくことも考えるべきです。

また、相続人が相続放棄をしたとしても、死亡保険金は受け取れます。死亡保険金は、相続財産ではないため、原則として遺産分割の対象になりません。確実に渡したいお金は、保険で残すこともできるのです。

さらに、遺留分の請求をされそうな人を受取人にしておき、請求されたときにその相手に渡せるように準備したり、相続税の納税資金として準備したりすることもできます。

知って得する法律の知識

相続税は現金で一括納付

相続税は現金一括納付が原則です。不動産などで物納する場合は事前に関係書類を提出するなどの準備が必要なので、現金納付を前提に考えておいたほうがよいでしょう。

なお、申告期限は特殊な事情がないかぎり、延長することは認められません。

相続人（家族）が税務署に行って納付します

よくある相続の失敗例

母の急死で突然の相続に
姉や妹と意見が合わない

（Mさん　46歳　女性）

私は3姉妹の次女です。父が5年前に亡くなったとき、築30年の実家は、母と私たち3人全員の名義にして相続しました。

今年、母が400万円の貯金を残して心筋梗塞で急死。遺産をめぐって姉妹で意見が分かれてしまいました。「家と土地は同居していた私たちで、貯金をふたりで分けて」（姉）、「平等にするため土地を売って現金化して分割しよう」（私）、「実家は残したいから母の名義をまた3分割に」（妹）。実家は、2000万円の価値があります。同居していたとはいえ、介護をしたわけでもないし、実家が姉夫婦だけのものになるのも……。相続財産の差が10倍というのも納得いきません。

母の遺言書がないため、話し合って決めるしかありませんが、たがいに主張をゆずらず、意見がまとまりません。

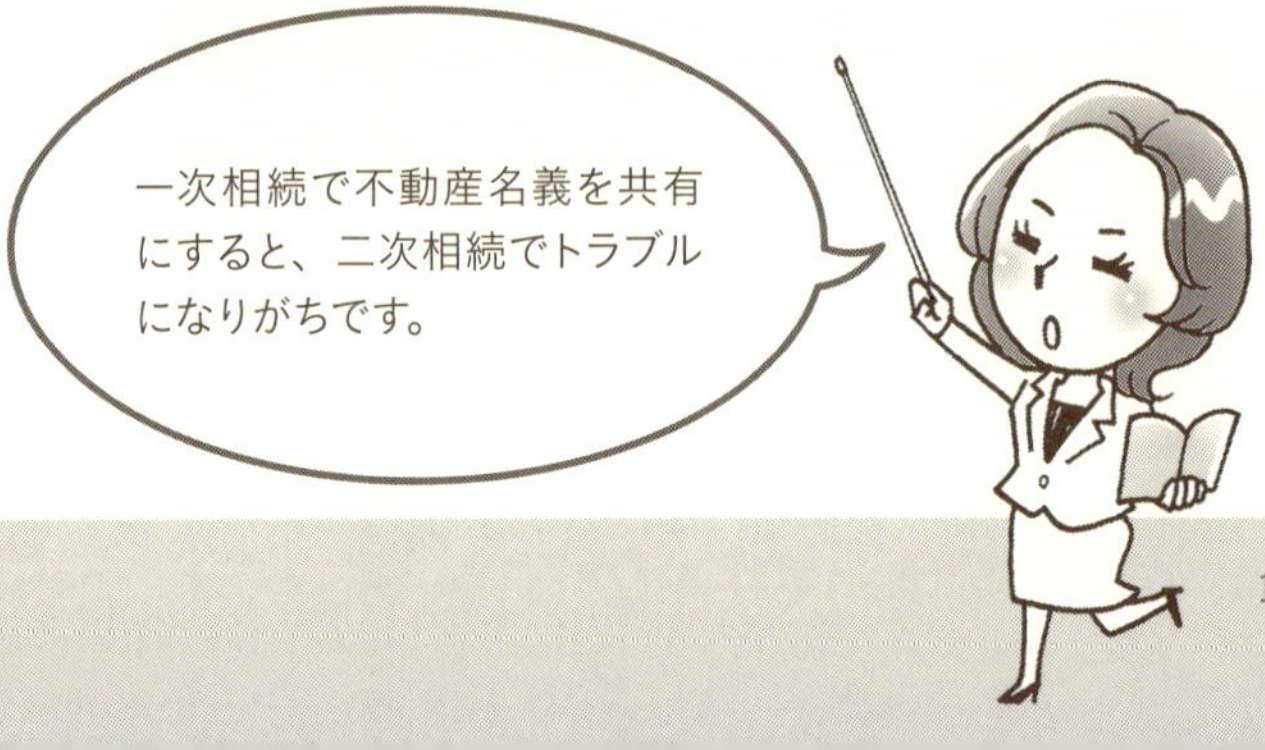
一次相続で不動産名義を共有にすると、二次相続でトラブルになりがちです。

【パート5】

「おひとりさま」の死ぬ前に必要な準備

おひとりさまが考えておくべきこと

生前に利用するかもしれない制度の概要を紹介します

頼れる身内がいない「おひとりさま」にとって、今後困ったときに頼れる先を決めておいたり、自分の死後のことをだれかに行なってもらったりすることについて、早めに考えておくことが必要です。

たとえば、あなたが亡くなったとき、だれが訃報を連絡してくれるのでしょうか。葬儀やお墓への埋蔵、老人ホームに入っていた場合の支払い、あなたの遺品の整理……やるべきことはたくさんあります。

そして、最後に残る財産は、どうしたいでしょうか。相続人がだれもおらず、あなたを支援してくれた人（縁故者）がいない場合には、最終的には「国庫行き」です。

死亡後のことだけではなく、もしかしたら今後認知症になってしまうこともありえます。その場合、あなたの財産はだれがどうやって管理するのでしょう。通院・入院などのさい、金融機関から預貯金を引き出して支払ったり、介護施設や介護サービスの契約手続きなどを行なうことがむずかしくなったりと、命にかかわる不安がでてくるかもしれません。認知症にならずにすんだとしても、体調がおもわしくなく、食事や買い物といった日常生活に困ることがあるかもしれません。

❖将来のことが依頼できる契約

この先困るかもしれないことや、確実に行なってもらわなければならないものに対して、今から依頼する人と契約を結んでおくことができます。

認知症になってまったときのために依頼しておく「任意後見契約」や、自分の死後、葬儀や納骨、遺品整理などを行なってもらうために依頼しておく「死後事務委任契約」、ひとりで過ごしている自分のことを見守ってもらう「見守り契約」や、財産管理を行なってもらう「財産管理契約」、見守りと財産管理をまとめて行なってもらう「任意代理契約」、自分の財産の行き先を決める「遺言書」など、さまざまな方法があります。パート5では、注意点と合わせてひとつずつ説明をしていきます。

生前・死後の手続きを頼む相手を探す

何をだれに頼むか、費用はどうかを考えてから契約しましょう

「おひとりさま」といっても、まったく身寄りがない人もいれば、遠い親戚だけど身寄りがある人もいます。身寄りがある人も、疎遠だから頼れる存在ではないというケースと、単に頼りたくないと考えるケース、迷惑をかけたくないと考えるケースに分かれます。まったく身寄りのないケースは、だれかに代理人になってもらったり支援してもらったりしなければなりませんが、親族がいる場合は、その人に頼ることができるかどうかによって、頼む相手が変わります。

たとえば、あなたは弟と2人きょうだいで、弟に子（姪《めい》と甥《おい》）がいるとします。たまに交流のある姪に、将来支援してもらいたいと思っているとしたら、遺言書を作成して、その姪にお礼として財産を残すことを考えなければなりません。何の準備もせずにあなたが亡くなったら、相続人は弟になり、姪は財産をもらえないからです。

姪にすべてのことを依頼したいのか、大部分を専門家に依頼して一部を姪に依頼するのかなどによってもちがいますが、頼まれる姪のことも考えなければなりません。反対に、もし弟たちに何も支援してもらうつもりがないのなら、自分の財産を弟に相続させることについてどう思うか、考えておく必要があります。

❖依頼する相手は人柄で選ぶ

何をどこまで依頼するのかによって異なりますが、もっとも大切なのは相手との相性。専門家に依頼するなら、専門家としての実力や実績ももちろん大事ですが、なによりも重視したいのは人柄です。

生前から死後のことまで同じ人に依頼することが多く、長期にわたって支援してもらうことになるので、相性は重要です。そして、年齢もできれば20歳くらい離れた人に頼むのが安心です。

まずは、生前や死後の依頼を引き受けている専門家に相談してみたり、セミナーに行ってみたりして、どのような人なのか知ることからはじめてみましょう。

認知症になってしまったときに備える契約

判断能力が低下したときに代理人になってもらえます

認知症は、ある日突然なるわけではなく、じょじょに判断能力が低下していくものですが、自分で自分の判断能力が衰えていることに気づかないこともあります。自分が認知症になってきているなど、認めたくもないでしょう。

将来、認知症になってしまうかどうかは、わかりません。しかし、もしも認知症になってしまったら、困ることがたくさんあります。預貯金を引き出したり施設への入所契約ができなくなったりしますし、日々の食事に困るかもしれません。

身寄りがあれば、その人がある程度は身の回りのことを行なってくれたり、あなたの代理人（後見人など）になってくれたりするでしょう。でも、頼れる身寄りがない場合には、そのときに備えてだれかに依頼しておかなければなりません。そんなときに活用したいのが「任意後見契約」です。

❖あらかじめて決めておいたことを行なってもらう

任意後見契約とは、あらかじめ信頼できる相手と契約をしておき、認知症になってしまったときにその相手に後見人になってもらい、法律行為の代理を行なってもらうものです。おもに財産管理と身上監護（施設との契約や見守りなど）を行なってもらいます。「成年後見制度」という制度のひとつである「任意後見制度」がこれにあたり、さらにもうひとつ、「法定後見制度」という制度があります。

これは、判断能力が不十分になったときに配偶者や四親等内の親族が家庭裁判所に申し立てをし、後見人などを選んでもらう制度です。判断能力の程度に応じて、補助人、保佐人、後見人が選ばれ、それぞれ後見人などが行なえる範囲も異なります。

一方、任意後見制度は申し立てをしてくれる親族がいなくても、判断能力が低下したときに契約した相手に家庭裁判所に申し立てをしてもらえるようにしておくもので、あらかじめ決めておいたことを後見人に行なってもらいます。どんな契約でもよいわけではないので、この任意後見契約は必ず公正証書で作成します。

今後の見守りや財産管理に備える契約

ひとりで不安な場合、見守りや財産管理をお願いできます

将来、認知症になるかどうかはわかりませんが、認知症になってしまったときに備えるなら、前ページにあるような「任意後見契約」を結んでおくことができます。

しかし、任意後見契約は、「判断能力が低下」したときに利用できるものであって、「判断能力がある」場合には、寝たきりになったとしても、足が不自由で預貯金を引き出しに行けなかったとしても、代理人として行なってもらうことはできません。

そのようなときのために契約しておけるのが、「任意代理契約（財産管理等委任契約）」です。

「任意代理契約」は、見守りと財産管理を行なってもらうものです。認知症になってしまったら任意後見契約に移行することになりますが、認知症にならなかったら、死亡するまでこの契約は有効です。

❖自分の現況を知ってもらうために使うことも

今後の体力低下に備えて契約するのも目的のひとつですが、任意後見契約を結んでいた場合、自分の判断能力が衰えていることを、依頼した相手に気づいてもらう必要があります。認知症になってしまったときのためにと「任意後見契約」で依頼したのに、判断能力が低下しているまま過ごさなければならないのでは、契約した意味がありません。

そのようなときのために、任意代理契約によって依頼相手にかかわってもらうこともできます。

もし、見守りだけでよいのなら、「見守り契約」として契約することもできます。見守り契約は、週に1回程度の電話連絡や、月に1回程度の面談をとおして、定期的に今の状態がどうなのか気にしてもらうものです。

これらの契約は、行なってもらう内容を自由に決めることができ、報酬も両者で取り決めることができます。

死後のことに備える契約

葬儀、納骨から住居引き渡しまでまかせられます

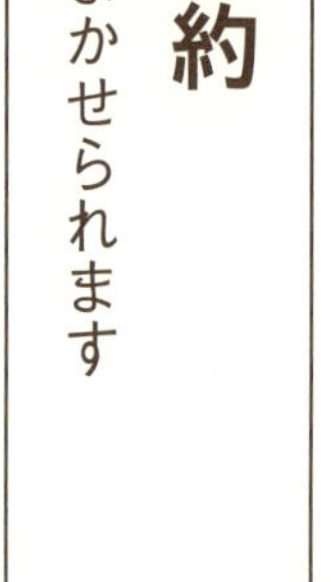

「おひとりさま」がもっとも気にするのが、自分の死亡したあとのことについて。葬儀や納骨、家財の処分など、頼れる身寄りがないからこそ心配するのです。

これらを依頼するには、「死後事務委任契約」を結んでおかなければなりません。

死後事務委任契約の場合、あなたの死後、すぐに支払いが発生するため、契約書で預託金の額を決め、依頼する相手に預けておきます。預託金の額は契約相手により異なりますが、20～１００万円と少しまとまったお金が必要です。

また、報酬額についても両者で決めることができ、これらは契約書に記載されます。この報酬額と契約を実行したときにかかる実費（葬儀代、遺品整理代など）が、預託金だけで足りない場合、あなたが亡くなったあと財産から支払われます。

なお、死後事務委任契約と合わせて公正証書遺言も作成します（１３２ページ参照）。

死後事務としてお願いできる手続き

□家族や友人・知人、親戚などへの死亡連絡
□役所への死亡届の提出
□健康保険、公的年金などの資格抹消手続き
□病院・介護施設の退院・退所手続き
□葬儀・火葬に関する手続き
□埋蔵や散骨に関する手続き
□住居引き渡しまでの管理
□住居内の遺品整理
□公共サービスなどの精算・解約手続き
□住民税や固定資産税の納税手続き
□車両の廃車手続き
□ペットの引き渡し手続き
□パソコンや携帯電話の登録抹消手続き
□デジタル遺産の処理
(パソコン内の画像・動画消去、ホームページの引継ぎや閉鎖、SNSアカウントの削除など)

❖依頼する契約の内容は法律行為

先に紹介した、任意代理契約、任意後見契約、死後事務委任契約などの契約は、法律行為を行なってもらう契約です。ですから、契約書の内容は、行なってもらう法律行為のことが書かれています。

たとえば、死後事務委任契約の場合は、次のような内容です（一部抜粋）。

① 通夜、葬儀、告別式、火葬、納骨、埋蔵に関する事務
② 老人ホーム入居一時金の受領に関する事務
③ 家財道具や生活用品の処分に関する事務
④ 行政官庁等への諸届事務
⑤ 以上の各事務に関する費用の支払い

他の契約も同じように、かなり大まかな内容になっています。そして、この契約書のなかに依頼者への報酬額や預託金（あれば）も記載されます。なお、契約内容の変更や、契約の解除もできます。

❖細かいことはわかるようにまとめておき、伝えておく

葬儀を行なってもらうにしても、だれに声をかけてほしいのか、どのような葬儀にしてほしいのかなど、いろいろな要望があるのではないでしょうか。

自分が望んだことを行なってほしいのなら、それがわかるように要望を伝えておかなければなりません。

たとえば、訃報の連絡先や葬儀の内容、菩提寺があれば連絡先、戒名について、納骨先や供養に関すること、遺品の処分や形見分けなどです。「だれに」「どのように」など具体的に伝えましょう。また、賃貸マンションに住んでいるのであれば、不動産業者や家主さんの連絡先も伝えておかなければなりません。

これらの法律行為を行なうにあたって、こうしてもらいたいなどの要望があるのなら、別途、書面などに残しておくことが必要です。ただし、どこまで行なうのかは契約依頼の相手しだいですので、何でもお願いできるわけではないことは理解しておきましょう。

生前・死後に関する契約の注意点

全体の流れや注意点、かかる費用について知っておきましょう

見守りや財産管理を行なってもらう「任意代理契約」や、認知症になったときに身上監護や財産管理を行なってもらう「任意後見契約」、死亡したときに葬儀や遺品整理などを行なってもらう「死後事務委任契約」などは、公証役場で作成します。

任意後見契約以外は公証役場で作成しなくてもかまわないのですが、無用なトラブルを避けるため、ほとんどの場合は公証役場で作成されます。ですので、契約書作成には公証役場への手数料が必要になります。また、契約書の原案作成に専門家がかかわる場合は、その専門家への報酬も必要です。そして、実際に契約が開始されたときには、事前に取り決めた報酬を支払っていくことになります。

なお、遺言書以外の契約は、ひとつの契約書にまとめて作成できるため、自分が必要だと思う契約を一緒に作成してすれば、作成費用も1回分ですみます。

❖依頼したくても依頼できない人もいる

任意代理契約にしても任意後見契約にしても、生きているときに支援してもらう契約を実行してもらうためには、報酬がかかります。この費用を負担するのがむずかしいため契約できない人もいます。生きているあいだ、毎月報酬が発生するからです。

とくに、判断能力が低下したときのための任意後見契約の場合、依頼する人への報酬のほかに、任意後見監督人への報酬が必要になります。任意後見契約をスタートさせるには、家庭裁判所に「任意後見監督人（後見人を監督する人）」を選んでもらわなければならないからです。契約している相手がたとえ弁護士であっても、必ず任意後見監督人は選ばれます。

任意後見監督人への報酬は、家庭裁判所があなたの財産状況などから決めますが、任意後見契約をスタートしてからあなたが亡くなるまでのあいだ、ずっとふたり分の費用が発生するため、かなり負担が大きくなります。

そうなると、だれかに頼みたくても頼めないということも起こるのです。

❖不正行為が行なわれる可能性も

すべての契約と遺言書を作成し、その実行をAさんに依頼しているとしましょう。はじめに任意代理契約が開始しました。数年たったころ、あなたに認知症の症状が現われ判断能力が低下してきました。本来ならここでAさんは任意後見契約に移行すべきです。

しかし、Aさんにはそれができない事情がありました。じつは、あなたの判断能力が低下してきたのをいいことに、Aさんはあなたの財産を少しずつ着服していたからです。

任意後見契約に切り替えるには、家庭裁判所に「任意後見監督人」を選んでもらわなければなりません。任意後見監督人がつけば、Aさんの不正は明るみに出るおそれがあります。

そのため、任意後見契約に切り替えることなく、あなたが亡くなるまでの長期間、不正行為が行なわれてしまうこともあるのです。

任意代理契約から死後事務委任契約までの流れ

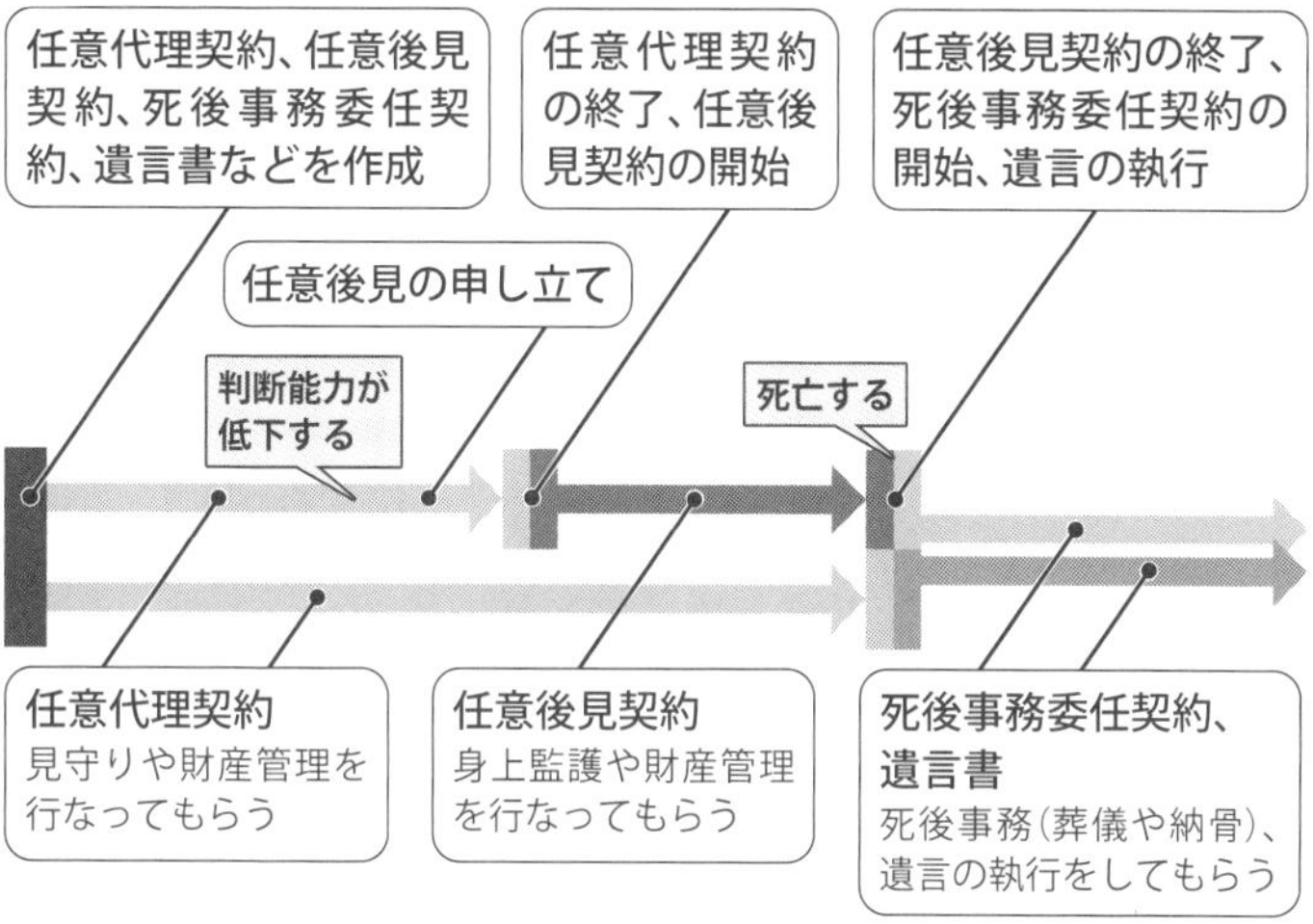

❖任意代理契約から死後事務委任契約までの流れ

契約の流れは上の図のとおりです。

任意代理契約で依頼したことを行なってもらっているときに判断能力が低下してきたら、任意後見契約へ移行します。

家庭裁判所に任意後見監督人の選任の申し立てを行ない、任意後見監督人が選ばれたら任意後見契約が開始になります。あなたが亡くなると、任意代理契約や任意後見契約は終了となり、死後事務委任契約へと移行します。

身元保証人を確保する

多くの病院や施設が入院・入所時に身元保証人を求めます

「おひとりさま」で老後を迎える人は「身元保証人」が気になるものです。病院や施設が患者や入所希望者に身元保証人を求めることがあり、なかには保証人がいないと入所を認めない施設もあるからです。

保証人には、子など身内がなることを期待され、高齢の場合、身内でも2人の保証人を求められることもあります。

これは医療費や施設利用料金の滞納があったときや、手術や治療、介護方針に対する同意など、病院や施設側が勝手に判断や決定をできない場面になったとき、それを行なえる家族、または家族に準ずる人が求められるためです。

保証人を頼めるような親族がいない場合は、身元保証人を代行してくれる団体などを利用することを検討してみましょう。

❖保証人の依頼契約は慎重に

身元保証人の代行は、契約の内容によって利用料金や支払い方法が異なります。たいていはある程度の預託金を一括で渡して終身の身元保証をしてもらいますが、契約はさまざまです。過去には、身元保証を取り扱う団体が経営破たんした例や訴訟に発展した例もあります。料金やサービス内容を確認し、いくつかの団体を比較して自分に合ったものを選びましょう。

急に体調を崩すなどして、保証人がいないという不安からあわてて身元保証契約をするのはさけたいものです。また、身元保証の契約をすれば当然支払いが発生します。推定相続人の調査や、財産調査などが事前に行なわれるなど条件もあります。

なお、後見人になっている弁護士や司法書士、社会福祉士などの専門家は保証人になることはありません。入院費などの債務を保証できないのはもちろん、医療の同意もできません。身元保証のみを団体などに依頼し、生前や死後の契約は専門家に依頼するか、すべてのことを団体などに依頼するのか、検討しておきましょう。

ひとり暮らしの人こそ遺言書を用意する

子どもがいない人は遺言書を作成しておきましょう

あなたが独身で子どもがいなくても、親が生きていれば、あなたの遺産は親が相続します。親がすでに亡くなっている場合は、きょうだいがそれぞれ相続することになります。きょうだいが全員亡くなっている場合は、その子どもである甥《おい》や姪《めい》が相続人になります。

だれも相続人がいない場合には、あなたの死後、財産は相続人以外であなたと生計を同じくしていた人などの縁故者もしくは国のものになります。

まして、きょうだいや甥・姪と疎遠になっていて頼るつもりがないのなら、自分の財産をその身内に渡すのか、慈善団体などへ寄付するのかなども考えておかなければなりません。甥や姪と親しかったり、世話を受けたりして、自分の財産を相続させたいと考えるのなら、甥や姪が財産を受けとれるように遺言書を作成しておきましょう。

❖伯母さんの死後に現われた「実の妹」

A子さんは父親の姉である伯母さんと仲が良く、物心両面で世話をしていました。ずっと独身で通してきた伯母さんもまた、A子さんが小さいころからとてもかわいがってくれました。A子さんは病院の手配や生活のサポートをしていましたが、伯母さんは病気で亡くなりました。

唯一の身内であるA子さんが葬儀やお墓の手配をして、遺産も相続することで伯母さんとも合意していましたが、ある日、伯母さんの妹だと名乗る女性が現われて、遺産相続の権利があると言ってきたのです。

じつは、伯母さんはA子さんの父と異母きょうだいであり、伯母さんの実母には今の夫との間に子（妹）がいたのでした。

伯母さんと妹とはまったく面識がなく、伯母さんも妹の存在は知らなかったようです。DNA鑑定をするなどいろいろあったあげく、結局は伯母さんの妹とA子さんが遺産をおおむね2分の1ずつ相続することになりました。

A子さんと伯母さんの例

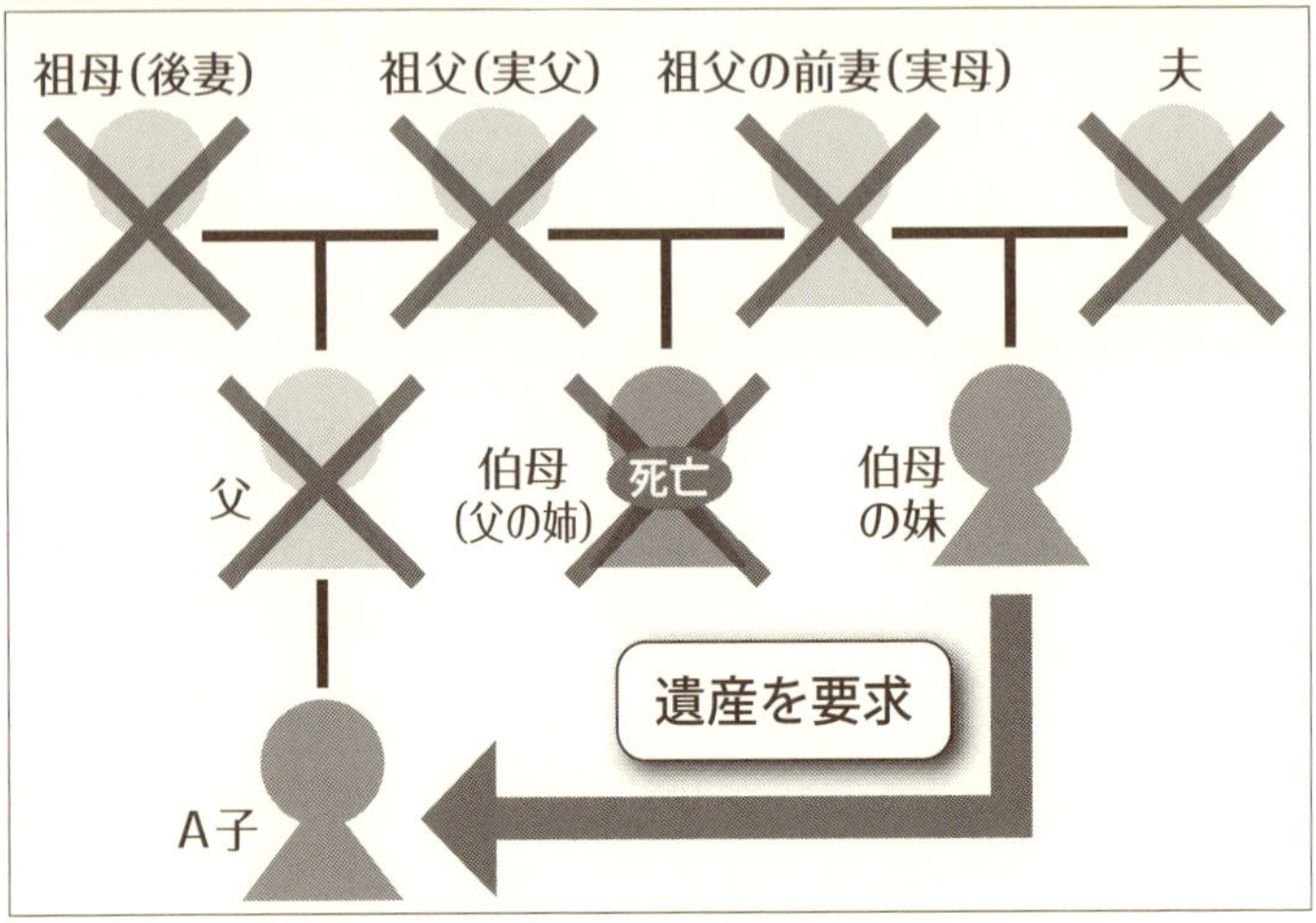

A子さんは、伯母の遺産をそれぞれが相続することには異論がありませんでした。

ただ、伯母さんの死後、後始末などすべて引き受けたのに、遺産分割ではなるべく多くの取り分を主張する伯母の妹との交渉をすることになり、心労が重なって、体調を崩してしまったそうです。

「伯母さんに非はないけれど、遺言書があれば伯母さんの妹に遺留分はないので、ここまでたいへんな思いをせずにすんだのに」とA子さんはため息をついていました。

❖子どもがいない人は遺言書を検討

このケースでは、伯母さんの面倒をみる身寄りは姪のA子さんだけのはずでした。伯母さんと父が異母きょうだいであることはA子さんも知っていましたが、伯母さんは実母と生き別れのまま交流もなかったようで、伯母さん自身も異父姉妹がいたとは夢にも思っていなかったのでしょう。

異父きょうだいや異母きょうだいの存在を知ることは、どうしてもむずかしくなります。

それは仕方がないことかもしれませんが、A子さんは、伯母さんですら知らない実の妹（A子さんとは血縁関係がない）の存在を急に知らされ、伯母さんの死後の始末にたいへんな手間がかかりました。

A子さんの伯母さんのようなケースもあるため、子どもがおらず、甥や姪に遺産を相続させたいときは、やはり遺言書を用意しておいたほうがいいでしょう。

ペットの依頼先を考える

飼育費を託し、ペットの生活を守る方法があります

あなたがひとり住まいで、長期入院のために自宅に帰れなくなったり、突然の病気や事故で亡くなったりした場合に、ペットの世話をまかせる（面倒をみてもらう）方法があります。それが「信託」です。

これは、飼い主がペットのためにお金を準備しておき、ペットの面倒をみてくれる人や施設に定期的に費用を渡すしくみです。

そのためにはまず、飼い主が代表となる管理会社を設立します。会社といっても簡単に設立できる合同会社の設立がほとんどです。なぜ、わざわざ管理会社を設立するかというと、自身の相続財産と切り離すためです。

この管理会社にペットのために使用するお金を移し、ペットの面倒を見てくれる人（施設）に費用が渡るよう、ペットの面倒をみてくれる人と信託契約を結びます。

信託のメリット

- ペットの飼育費がまかなえる
- ペットの生活場所が確保できる
- 遺産相続のさいも、ペットの飼育費が守られる
- 飼育状況を監督してくれる人をつけることができる

しかし、本当にその人（施設）が面倒をみてくれているかわかりませんので、財産の管理や飼育状況を監督してくれる人に監督依頼をしておきます。

そしてこれらを遺言書に残します。自分の死後、ペットの面倒をみてくれる人にペット費用として財産が渡るようにしておくのです。

遺言書で単に「財産を渡すからペットの面倒をみて」と依頼しても、その人に面倒をみる義務はありません。遺産がペットに使われないこともありますので、確実にペットのために残すなら、信託を活用するのが妥当です。

よくあるおひとりさまの失敗例

生前大切にしていたものが処分されてしまったおひとりさま

（Tさん　男性　66歳）

ご近所でひとり暮らしをしていたEさんは、先日急に亡くなりました。Eさんには身近な家族がいませんでした。

亡くなったあとしばらくして、遠い親戚の人が後始末をすることになりました。

Eさんは庭で花や野菜をたくさん育てていて、いくつかは近所の人が引き取りましたが、あまりに多いため遠い親戚の人は処分に困り、最終的に業者に廃棄を任せたそうです。生前、本人は寄付したいと話していたようですが……。

また、ものを大切にするEさんは、遺品もかなり多かったようですが、それらも業者がすべて処分し、かなりの費用がかかったそうです。Eさんのケースにならって、自分の身のまわりを片づけ、遺品をどうするか家族に伝えておこうと思いました。

ひとりぐらしの場合、遺品の行き先や整理費用をどうするか、きちんと考えておきましょう。

【ふろく】
あなたのエンディングノート

エンディングノートを準備する

書いてはいけないこともあるので、注意しましょう

家族のためにあなたが準備すべきこととして、174ページからエンディングノートをつけました。あなたが考えて（残して）おきたい最低限のことだけを取り上げています。なぜかというと、すべての情報や要望を残す必要はないからです。

そもそもエンディングノートを作成する目的は何でしょうか。仮に「家族が困らないため」なら、家族が困らないようなことを残さなければなりません。それには、書いてはいけないことなどの注意点を知っておく必要があります。

たとえば、「介護は長女に」など残されたら、それに拘束されてしまいます。付き合いの多い人が「葬儀は行なわず火葬だけ」などと残すのも家族が困ります。親の最後の希望を叶えてあげたいと子どもは思うのです。そのとおりに行なった結果、周囲からの心ない言葉に傷つくのは家族なのです。

家族関係によっては書かないほうがよいこと

- 資産や財産の金額などの詳細（どのような財産があるかは書いておく）
- 通帳・銀行印の保管場所や暗証番号（残高がわかる状態やだれでも出金できる状態はNG）
- ネット銀行や証券などのWEB使用のIDやパスワード
- クレジットカードの詳細
- 遺言書の有無（相続分が気になる相続人もいる）
  ※ただし、有無がわかるよう必ずだれかに伝えておく
- 家族が知ったらもめそうなこと（認知など）
- 了解を得ていない個人の氏名（承継や執行など）

また、財産の詳細（金額や暗証番号、保管場所など）を残すと、搾取されてしまう可能性があります。あなたの財産の分け方についても書いてはいけません。法的効力がなくても、争いの原因になってしまうからです。

作成するときには、どうしてそう思うのかについての理由も残しておくことが必要です。

考える時期になったら……と先延ばししているとなかなかできません。

全部を一度に記入する必要はなく、できることから行なえばよいのです。今後のために作成してみてください。

基本データ

あなたの名前や生年月日などの基本情報です。すべての欄を埋めましょう。

●氏名

●生年月日

●血液型

●住民票の住所

●本籍地

●戸籍の筆頭者
（続柄）

●出生地

●両親の名前
（父）　（母）

●親族関係図と連絡先リスト

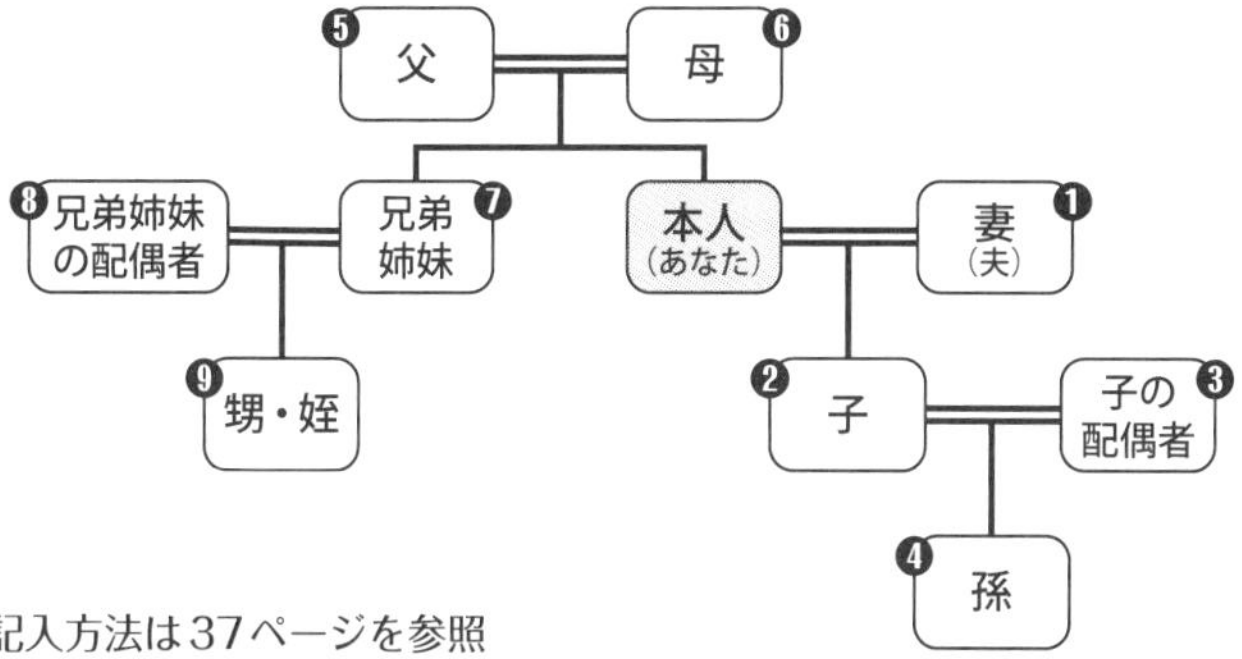

※記入方法は37ページを参照

NO.	関係	名前	生年月日	住所	電話番号

趣味・嗜好

これまでの人生を振り返りながら、思い出していきましょう。
認知症になったときや死亡したときに役立ちます。

●今までうれしかったこと

●思い出の場所

●最後に見たい風景

●最後に行きたい場所

●何をしているときが楽しいか

●好きな本

●好きな食べ物／苦手な食べ物

●好きな飲み物／苦手な飲み物

●好きな色

●好きな花

●好きな香り／苦手な香り

●好きな音楽／思い出の曲

●好きな言葉／嫌いな言葉

健康

認知症などであなたの意思が確認できない場合に必要な情報です。この情報があるだけで、家族の心理的な負担が軽くなります。

●かかりつけの病院・医師

●持病・アレルギー

●日常的に飲んでいる薬　※お薬手帳でも代用できます

●手術歴

●治らない病気だとわかったらどうしたいか

□病名も余命も、告知してほしくない

□病名も余命も、告知してほしい

□病名は知りたいが、余命は告知してほしくない

（理由）

●延命治療

□できる限りのことをしてほしい

□一切の延命治療はしてほしくない

（理由）

●尊厳死の書類

□ない

□ある

（□リビング・ウイル　□尊厳死宣言公正証書

□簡易な書面　□その他（　　　　　　　　））

（保管場所）

●ドナーについて

葬儀・お墓・供養

葬儀社の見積書にはのらないようなことや、お墓・供養の現況について、わかるようにしておきましょう。

●病院などで亡くなったときに家に帰ってきたいか

●葬儀で重視すること

□お別れ　□体裁

□費用　□その他（　　　　　　）

（理由）

●旅立ちの服の希望　※ない場合は仏衣になります

●棺に入れてもらいたいもの　※入れられないこともあります

●遺影写真はどれにしたいか

（その保管場所）

●家紋　※目で見てわかるようにしておく

□なし　　　　□あり

貼付

●宗教、宗旨・宗派と連絡先（菩提寺など）

●現在の祭祀承継者

●墓地管理者（菩提寺・霊園など）と連絡先

墓地の管理費（　　　　　　円／年）

●お布施など（今まで渡していた金額）

お盆・お彼岸など（　　　　　　円程度／回）

年忌法要（　　　　　　円程度／回）

●訃報の連絡先

名前	連絡先	関係

名前	連絡先	関係

●葬儀に呼んでほしくない（呼ぶ必要のない）人

名前	連絡先	関係

財産

遺産相続は、のこされた家族にとって重要な手続きです。あなたの財産がどこにあるのか、記録しておきましょう。

●金融資産

金融機関・支店名	種別	口座番号	カード
			有・無
（備考）			
			有・無
（備考）			
			有・無
（備考）			
			有・無
（備考）			
			有・無
（備考）			
			有・無
（備考）			
			有・無
（備考）			

●有価証券　※「どこに」「どのような」がわかるようにしておきましょう

証券会社	種類	銘柄・名称
（備考）		
（備考）		
（備考）		
（備考）		

●借り入れ・保証人　※「だれの」「何の」がわかるようにしておきましょう

借入先・保証相手	返済（保証）期限	目的・理由
（備考）		
（備考）		
（備考）		

●保険

<table>
<tr><th>保険証券番号</th><th colspan="2">保険種類</th><th>期間・期限</th></tr>
<tr><td></td><td colspan="2"></td><td></td></tr>
<tr><td colspan="2">（受取人）</td><td colspan="2">（備考）</td></tr>
<tr><td colspan="4">（証券会社連絡先 / 担当）</td></tr>
<tr><td></td><td colspan="2"></td><td></td></tr>
<tr><td colspan="2">（受取人）</td><td colspan="2">（備考）</td></tr>
<tr><td colspan="4">（証券会社連絡先 / 担当）</td></tr>
<tr><td></td><td colspan="2"></td><td></td></tr>
<tr><td colspan="2">（受取人）</td><td colspan="2">（備考）</td></tr>
<tr><td colspan="4">（証券会社連絡先 / 担当）</td></tr>
</table>

●不動産など　※過去に購入して使用していない土地も

種類	住所

●その他の財産や契約など　※賃貸借契約、動産、現在有効な契約

● MEMO

● MEMO

■参考文献

『家族が亡くなる前にやっておくべきこと』明石久美（ＰＨＰ研究所）
『認知症になる前にやっておくべきこと』明石久美（ＰＨＰ研究所）
『配偶者が亡くなったときにやるべきこと』明石久美（ＰＨＰ研究所）
『死ぬ前に決めておくべきこと』松島如戒（岩波アクティブ新書）
朝日新聞連載「なるほどマネー／葬儀・お墓を知る」明石久美
女性セブン　２０１４年６／12号
週刊朝日　２０１６年９／30号

■制作協力

●「これから相続コンサルネット」理事

石川亮（いしかわ・りょう）
司法書士。石川司法書士事務所代表。昭和47年、千葉県我孫子市出身。不動産登記や債務整理、消費者トラブル、成年後見手続き、相続手続きなどが専門。

市川正一（いちかわ・しょういち）
税理士。市川税理士事務所代表。昭和41年、千葉県流山市出身。準確定申告、相続税など相続関係のほか、法人にも強い税金のスペシャリスト。

栗原勝（くりはら・まさる）
特定社会保険労務士、特定行政書士。行政書士・社会保険労務士法人栗原事務所代表。昭和43年、東京都出身。老齢年金や遺族年金など年金全般のみならず、遺言書作成、遺産分割・相続手続きなど相続全般にくわしい。

【監修者略歴】
明石久美（あかし・ひさみ）
千葉県松戸市在住。明石シニアコンサルティング代表、これから相続コンサルネット理事長。ファイナンシャルプランナー（CFP／1級）。身内が葬祭業を営んでいることから、葬儀やお墓も含めた生前対策や死後手続きにくわしい。シニアが行なっておきたい今後の準備対策の研修やセミナーを、全国で行なっている。著書に『配偶者が亡くなったときにやるべきこと』『認知症になる前にやっておくべきこと』『家族が亡くなる前にやっておくべきこと』（以上、PHP研究所）がある。趣味は神社仏閣めぐり。

死ぬ前にやっておきたい手続きのすべて

2016年11月10日　第一刷発行

監修　明石久美
編集・構成　株式会社 造事務所
発行人　出口 汪
発行所　株式会社 水王舎
〒160-0023
東京都新宿区西新宿6-15-1 ラ・トゥール新宿511
電話　03-5909-8920

印刷・製本　中央精版印刷株式会社
編集統括　瀬戸起彦（水王舎）

落丁、乱丁本はお取り替えいたします。

ISBN978-4-86470-064-1　C2077